困知記

明 羅欽順 著

明萬曆刊本

1

图书在版编目（C I P）数据

困知记 / (明) 罗钦顺著. -- 北京 : 海豚出版社,
2018.1
ISBN 978-7-5110-4144-9

Ⅰ. ①困… Ⅱ. ①罗… Ⅲ. ①理学－中国－明代
Ⅳ. ①B248.54

中国版本图书馆 CIP 数据核字(2017)第 329615 号

书名：困知记
作者：(明) 罗钦顺著
责任编辑：李俊
责任印制：蔡丽
出　　版：海豚出版社
网　　址：http://www.dolphin-books.com.cn
地　　址：北京市百万庄大街 24 号
邮　　编：100037
电　　话：010-68325006（销售）　010-68998879（总编室）
印　　刷：虎彩印艺股份有限公司
经　　销：新华书店及网络书店
开　　本：16 开（210 毫米×285 毫米）
印　　张：42.375
字　　数：339（千）
版　　次：2018 年 1 月第 1 版　2018 年 1 月第 1 次印刷
标准书号：ISBN 978-7-5110-4144-9
定　　价：1760 元

出版説明

人是一種會思想的動物，無論是要適應環境，克服生存的困難，抑或爲了生活得更有意義，思想皆不可或缺。在一般的中文習慣中，思想的涵義比"哲學"更寬泛，這種語用習慣的差異，也影響到學者對學術視野的選擇。一般而論，思想史的範圍也較哲學史爲廣闊，雖然很少得到清晰地界定，但它不失爲一種有效的學術視野。

在近代中國學術史上，思想史研究的興起與哲學史大約同時。一九〇二年三月，梁任公在其創辦的《新民叢報》上連續發表了《論中國學術思想變遷之大勢》系列論文，這可能是最早由國人撰著發表的思想史論文。而第一本由國人撰寫的中国古代哲學通史，則爲一九一六年謝無量的《中國哲學史》。這兩本早期著述有其學術史的意義，但其中對學科的性質與研究方法等多無明確的説明。事實上，無論是學者的闡述，還是其實際的操作，在思想史與哲學史之間都不易劃出清晰的界限，直到當代也仍然如此。拋開細節不論，就語用習慣及有關實踐而言，思想史表徵一種對歷史文化廣闊而深入的關照，其研究方法，關注的問題，都較哲學史爲多元，史料基礎也不可同日而語。尤其是在郭沫若、侯外廬等人建立起來的研究傳統中，思想史有明确的社會史取向，或因其與傳統的文史之學有親和性，以至在今天，這種思路仍然很有生命力。

文獻發掘向來是思想史研究的基本環節。爲了促進有關研究，我們選輯多種文本編爲“中國古代思想史珍本文獻叢刊”。全編選目包括經典文本，如儒、道二家的經解，重要思想家作品的早期刻本，和某些并不廣泛受到關注的作家文集的舊刻本。本編中也選錄了數種反映古代民俗信仰的文獻，如《關聖帝君聖跡圖志》、《卜筮正宗》等等。這些文本在傳統的學術視野中，多以爲不登大雅之堂，在今日視之，或者正因其反映了古代社會一般的信仰氛圍，而有重要的文本價值。此外，本編也著意收錄了數種通常被視爲藝術史史料的文本，如《寶綸堂集》、《徐文長文集》等，我們認爲對思想史關注而言，範圍與深度同樣重要。

選集本編，也有文獻學上的意圖。中國古代有悠久的文獻學傳統，大量古籍文本的傳刻與整理造就了古代中國輝煌的古籍文化。本編收錄的這些刻本不僅是古代學術發生、衍變的物質證據，也是古代古籍文化的重要部分。本編所收錄的全部作品皆爲彩版影印，最大限度地保存了文獻的細節。其中有部分殘卷，視具體情況，或者補配，或者一仍其舊。本編的選目受制於編者的認識與底本資源，或者有不妥、不備之處，希望讀者不吝指正。

目録

第一册

羅文莊公合集序……一
重鐫困知記序……九
重鐫困知記序……二三
羅整菴先生困知記序……三三
重刊困知記序……四一
卷之一……五五
卷之二……一三一
困知記續卷之三……一九九

第二册

卷之四……一
困知記附錄卷之五……九五
卷之六……一七七
困知記續補卷之七……二五三
困知記外編卷之八……三一五
困知记後序……三四七
鍍困知记後語……三五五

第一册

羅文莊公合集序……一
重鐫困知記序……九
重鐫困知記序……二三
羅整菴先生困知記序……三三
重刊困知記序……四一
卷之一……五五
卷之二……一三一
困知記續卷之三……一九九

羅文莊公合集序

羅文莊先生存稿有記有序有疏有題跋有銘有贊有傳有墓表志碑碣有行述祭文有詩詩有諸體有詩餘凡二十卷而所爲困知記一百五十六章專發明儒釋道不

同不相爲謀之故後學誦者十一
而詩文罕傳裔孫珽仕父子兄弟
始會而付之梓曰合集珽仕屬不
佞楨爲序竊惟孔門有四科德行
與言語文學各居其一而孟子之
徒則曰冉牛閔子顔淵善言德行

曰具體而微蓋以有德行而善言之遂兼言語文學之長求其人於本朝先生其庶幾乎先生與王文成皆以弘治壬子舉于鄉文成後六年成進士而德靖間海内宗文成之學往往墮於釋氏先生辟而

闢之條分縷析拔本塞源有功于
儒學甚大今去先生遠吾儒不但
拾釋氏餘唾以攻吾道而且自晃
爲釋弟子後進之士治舉子業若
古文辭多用貝典以炫奇示博而
鄙四書五經爲庸談誨淫邪遯生

心發政害事無怪乎齊魯之鄉幸
民以釋氏白蓮教譸張爲幻幾成
赤眉黃巾之變也竊幸先生集在
老成典刑未墜于地于以正文體
端士習纘聖學扶世運豈曰小補
之哉序先生集者十數家推尊特

至闡揚略盡矣楨更有慕於先生
吉安郡三羅皆及第先生泰和人
永豐則文毅以氣節名吉水則文
恭以理學名官不過爲郎惟先生
累官南太宰以父老乞歸養服除
召爲宗伯太宰力辭不赴里居二

十季却掃杜門著書論道年踰八十始卒操履端方而無氣節名潛心躬脩而無理學名此兩事者流品最高聲華最美而末流之弊僞者假之以掩瑕媒進譁衆闘捷于國家無纖毫補益或階之禍其與

釋氏彌近理而亂眞者何殊妄得
起先生於九京爲採時藥否也因
序合集而及之以志慨焉
天啓三年九月京山後學李維楨
譔

重鐫困知記序

宋之理學以紫陽爲集大成後學闚闚其言而尸祝其人毋敢反唇相稽者至正嘉之際始有一二大儒推青田之說與紫陽竝衍而行之或以爲異致或以

爲同疑辨析調停之論頗不勝其繁蓋道術之歧又自此而始矣太宰整菴羅先生挺然特起自引於河汾之外閔學者不達其意而師悖乃竊諸根本究心性之義所自分懼習矣不察或

墮於佛氏之指也於是取三乘
之津梁五燈之鈐鍵與吾道一
一比勘而辨析之其幾判於毫
釐其界區於杪忽其義嚴於斧
鉞其語較若權衡記成自名之
曰困知雖極深研幾經緯匪一

旁稽博采含吐無方覈其要歸則具是矣嗟乎自竺乾之教南入中國學士大夫起而攻之如傅奕韓愈歐陽脩之徒可謂衆矣然第謂漢譯胡書恣其假託緇衣薙髮棄爾人倫攻其瑕而

遵其堅宜其徒以一吷眂之未
肯帖然爲吾下也其黠者且標
其勝義以劘吾之言思軼而踞
其上自謅如日而小吾教爲嘒
嘒之晨星於是伊維大儒以彌
近理大亂眞之說折之自謂可

以窮其說而使之無所遯矣然究而言之所謂句句是事事合只是不同者卒亦未嘗條分縷析洞髓擢筋有以杜毘律之口壁少林之面也如先生記中所引楞伽之辨大慧之語往往從

幾微影響之際因是而剖其非即得以鏡其失涇渭之同流淄澠之異味眞有覩著不爽者自孟氏闢楊墨而後上下千年縱横萬里儒釋之辨如先生者可謂根柢盡披肺肝巳露理極于

斯幾無贅義矣先生心性之説
明青田且僭以發其藴詎直爲
紫陽之功臣已哉嗚呼當先生
時談道術者雖有近禪之憂然
或内引缾鉢之機鋒而未敢外
挫章逢之門面顯然推墨而附

於儒無有也先生淩懼而力辨
之今去先生財百年耳天下之
道舛馳益多以無忌憚爲天眞
或濡首谿渠之論以無師承爲
奇特且藉口温陵之書覆轍可
虞濫觴宜慎知微君子何必睹

披髮野祭始抱辛有腥羶河洛之憂夷甫諸人清言致患抑何得謂右軍治城之語其識鑒不出謝太傅上也然則當壺之天下能爲先生言者可易得哉可易得哉記舊多刻本歲久漫漶

世罕覯見之先生之孫琎仕琁
仕兄弟才美有文克繩祖武而
尤志在紹明家學迺再授諸梓
以廣其傳屬余爲序自愧末學
如牖中觀日安能測先生之徽
姑就臆見所及著先生之所爲

衞道者如此或謂充先生理一分殊之義引而伸之華夷一統王會何私天地同流聖眞乃一溷固不精辨亦不廣宜分以明吾道之正合以成吾道之尊此之然否蒙竊惑焉惜乎不能起

先生于九原順下風而請事斯語也

萬曆庚申仲秋月江寧後學顧起元謹書

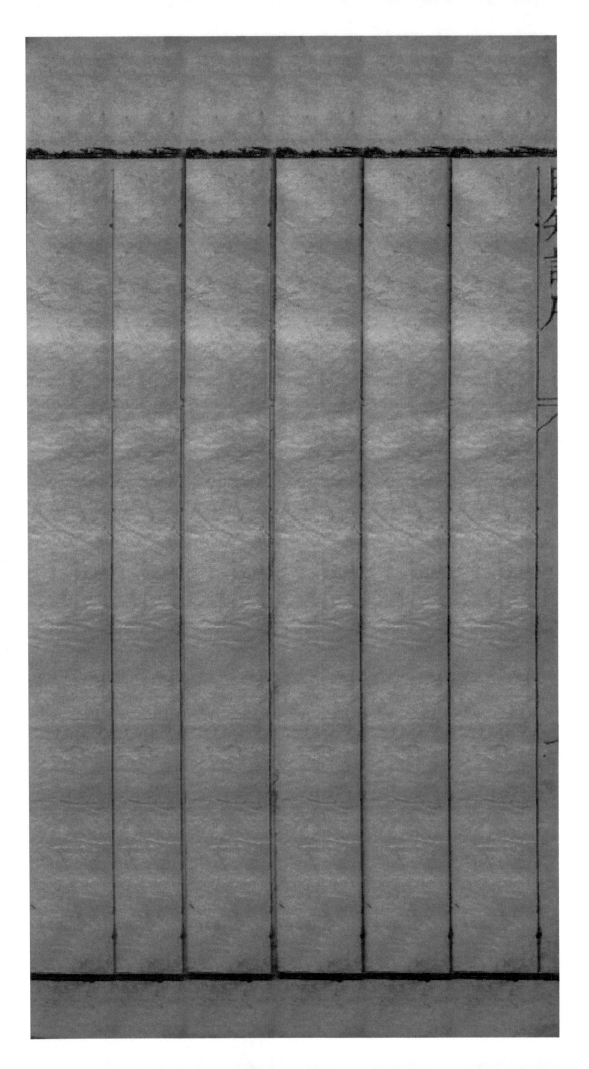

困知記序

困知記四卷泰和羅整菴先生述其所自得者也述者何衞道也何道曰聖人之道也道自聖人爲之乎曰否聖同天天之道聖人形之爾夫聖混於物而其心體天下之

物故能準乎天而物物我無間理融在中時而出之不假思惟從容中道蓋非盡性者不能而擧其大要則誠明二字盡之矣孔子曰吾道一以貫之一者誠之本體至大而無不包貫者明之妙用至精而無

不當聖人之能事也以聖人之事責人固卒遽而無漸而工夫次第亦未有舍誠能立而徒恃意智以爲明者蓋自小學孝弟謹信詩書六藝之教固以培養此誠而以漸開發其聰明矣及入大學則又因

其所明而廣之以格致因其所養
而進之以誠正使之益懋德業而
極乎事理之詳己盡成己成物之
功焉是則明以誠致誠以明達雖
若二一事原無間隙非謂舍其本原
而馳騖乎外亦非專守其靈覺之

體不假問學而能瞭然於幾微得失之際也俗學出入口耳固無足稱而釋氏明心見性之說淩空駕虛曠然遠悟有似吾道之一而其猖狂自恣蕩乎無以爲貫則與堯舜以來精一用中之說正相反守

之不足以自善充之不足以成天下之務葢不特用處謬戾而其體圓似是而非者也整菴先生慨然以衛道爲己任爰述是編根據往言意皆獨得於凡理氣之微心性之辨聖學之旨要治道之機栝神

化之妙用言之皆親切有味而於禪學尤極探討以發其所以不同之故自唐以來排斥佛氏未有若是其明且悉者衞道於是乎有功矣夫吾儒之道體用皆實學成則動罔不善彼釋氏者學之而成特

枯槁自私之士間能善厥用者亦
吾道之緒餘也顧乃因似亂真豈
不悲哉先生字允升整菴其别號
官至冢宰家居泊然銳意營道老
而不倦蓄涵養純至故心體融徹
而羣言莫能揜也記成既自爲序

謂芳嘗備屬員寓書委綴簡末顧

寡陋淺尠蠡測展玩彌日粗若有

契爰不自揣僭爲之辭

時

嘉靖癸巳秋八月壬申

賜進士出身嘉議大夫奉

勅總提督倉場戶部右侍郎前南

京兵部右侍郎瓊海黃芳撰

◎

羅整菴先生困知記序

整菴羅先生既辭吏部之命家居杜門著書明道予往得其困知記若干卷刻之嶺南忽遷官去未及敘也茲又得其續記若干卷乃合而序之曰自古聖賢之言學也咸

以躬行實踐爲先識見言論文之
故傳説告高宗曰非知之艱行之
惟艱子貢問君子子曰先行其言
而後從之聖賢之重行也如此故
古之論人物者亦惟即其行履之
優劣而爲評品之高下智識文辭

弗與焉今世君子則爲智識文辭是尚而行實不論矣故聽其言若伊周孔孟復出考其實則市人不如憂盡君子未嘗不於是三致嘆焉予觀先生自發身詞林以至八座其行已居官如精金美玉人無

得疷及退居即杜門惟以著書明道爲事本分之外一無所豫家人子弟守其家灋欽欽一步不敢肆其居家又如此且觀其辭吏部一節眞有鳳翔千仞之意雖孟子之辭萬鍾何過焉可謂躬行君子矣

視夫世之高論闊談者曰我孔孟我孔孟周程張朱要不屑爲爲聲利束縛不能去賢不肖何如也噫當今人物舍先生吾誰與歸百世之下使

本朝史冊燁然有光如先生者得

幾人哉得幾人哉是記所言咸于斯道有所發明乃若距詖放淫其志蓋尤拳拳焉孟子曰冉牛閔子顔淵善言德行解者曰身有之故言之親切而有味若先生者不謂善言乎

旨

嘉靖乙未孟冬朔旦後學同安林

希元書於三衢舟中

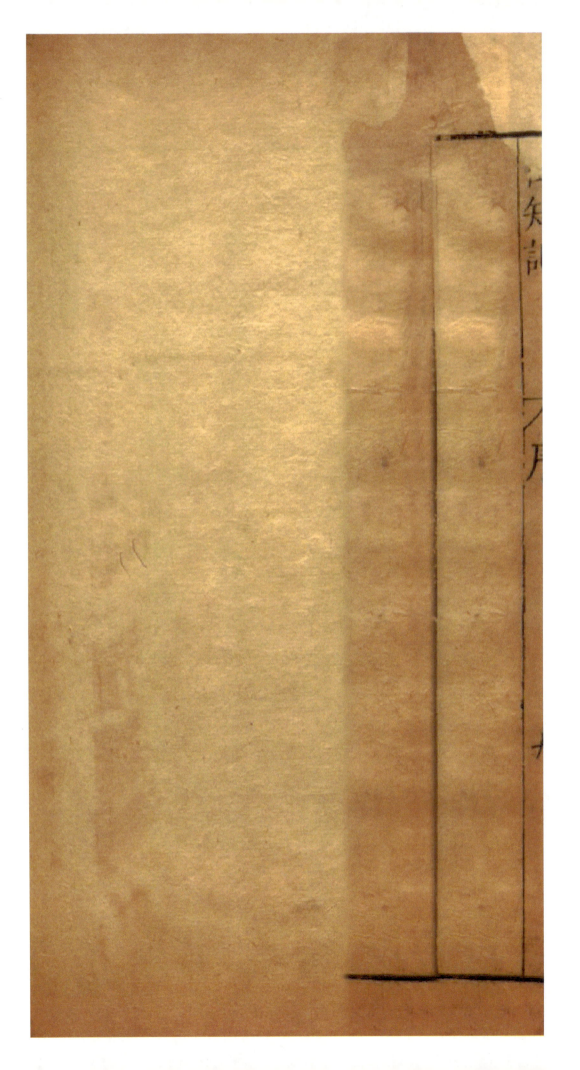

重刊困知記序

一陰一陽之謂道中而已矣是道也在天爲命在人爲性以其循環無端謂之易以其實有是理謂之誠以其渾然無私謂之仁以其至極而不可加謂之太極以其純粹

以精謂之至善又以其理出乎天
也謂之天理人有是心卽有是理
故曰人心惟危道心惟微惟皇降
衷若有恆性人心之必有道心恆
性之卽爲降衷天生蒸民不可易
己衷者中也道中而已矣故曰允

執其中是故其要則在脩身其物則在典禮故曰敬脩可願曰愼厥身脩而曰愼徽曰敦庸皆其物也故曰人受天地之中以生所謂命也是以有動作威儀之則以定命也古先聖人旣皆以此遞相傳授

迨其既往則載其教在詩書使凡
生於中國之人共聞共覩相與共
執此中而聖人猶且皇皇乎懼其
中之難執也稽衆舍己好問用中
若將墜失而無稽之言弗詢之謀
則切切切以勿聽勿庸爲戒嗚呼是

何聖人執中之難也何聖人之心凛乎不敢自聖也雖然此盡性之學也盡性之學聖人必有事焉而終不敢以語乎人筆于書曰吾以盡性也何也微乎其言之也其可言者自有在也周衰學廢孔孟憂

之性命之旨非中人以上則不道
而頻頻于詩書禮樂之訓猶恐未
足以防好異者之趨也于是乎示
以養之之法于是乎廣以推之之
方于是乎廸以爲之之序其見于
魯論所記及曾思孟之書特詳使

知爲員則必以規爲方則必以矩
規矩設而智愚賢不肖莫之敢違
焉故曰能與人規矩不能使人巧
又曰大匠不爲拙工改廢繩墨若
是乎其嚴之至也然又恐不得其
要也則又揭之曰自天子至庶人

壹是皆以脩身爲本而曰此謂知本曰夭壽不貳脩身以竢之而曰所以立命嗚呼學而知本立命焉約矣秦漢以後並教絕而大學乖然而董韓得以翼其緒周程得以續其微則以其規矩之說具在而

其教易明也程門高弟寖失其眞考亭氏出始收拾遺書表章程子以接于孟氏其所爲訓如格物戒愼諸解雖未必一一盡合聖人獨其心性之辨則詭于經者甚少至於從入規矩尤必詳乎其言使的

的乎可循而據則考亭氏之功於吾道偉矣世之儒者乃曰心即性也心即聖也詩書障也聞見外也嗚呼果孰爲而傳之耶果何稽之言而可聽耶夫知本立命于學者則誠要矣不傳者非一日矣誠其

規矩在也其失未遠也其要可求
而知也今也必去而詩書屏而聞
見以求其所謂心自奇自聖古先
聖人之所皇皇切切若不能當者
今皆一語可了也一蹴可爲也其
流不至於弄精神滅性眞毀覆禮

教論人夷狄禽獸而不已幸而其說未果行耳夫心性不明著爲稍迂而其流乃禍道規矩苟存雖難語要而其失終不遠嗚呼此整菴先生之困知記所以不可無于今日也記凡五續乃先生所手編刻

而傳者吳楚廣之間皆有之而
今承郡伯姑蘇張公之命刻付家
藏輒妄意又增一卷蓋欲備先生
言行之槩以示後人若曰讀其書
不知其人可乎嗚呼論先生之所
至吾以待後之君子也合而觀之

規矩之遺意存焉即程朱復起吾知其不能已於傳矣

時

萬曆七年歲次己卯夏六月之吉

後學澄海唐伯元撰

困知記卷之一

明　泰和羅欽順允升父著

同邑後學　歐陽照文白父
　　　　　楊嘉祚邦隆父　仝校

眞州後學陳夢暘爾旭父編次

嗣孫　珽仕度符父
　　　琁仕穉白父　重梓

上篇凡八十一章

孔子教人莫非存心養性之事然未嘗明言之也孟

子則明言之矣夫心者人之神明性者人之生理理之所在謂之心心之所有謂之性不可混而爲一也虞書曰人心惟危道心惟微論語曰從心所欲不踰矩又曰其心三月不違仁孟子曰君子所性仁義禮智根於心此心性之辨也二者初不相離而實不容相混精之又精乃見其眞其或認心以爲性眞所謂差毫釐而謬千里者矣

繫辭傳曰無有遠近幽深遂知來物非天下之至精其孰能與於此通其變遂成天地之文極其數遂

定天下之象非天下之至變其孰能與於此寂然
不動感而遂通天下之故非天下之至神其孰能
與於此夫易聖人之所以極深而研幾也易道則
然卽天道也其在人也容有二乎是故至精者性
也至變者情也至神者心也所貴乎存心者固將
極其深研其幾以無失乎性情之正也若徒有見
乎至神者遂以爲道在是矣而深之不能極而幾
之不能研顧欲通天下之志成天下之務有是理
哉

道心寂然不動者也至精之體不可見故微人心感而遂通者也至變之用不可測故危

道心性也人心情也心一也而兩言之者動靜之分體用之別也凡靜以制動則吉動而迷復則凶惟精所以審其幾也惟一所以存其誠也允執厥中從心所欲不踰矩也聖神之能事也

釋氏之明心見性與吾儒之盡心知性相似而實不同蓋虛靈知覺心之妙也精微純一性之真也釋氏之學大抵有見於心無見於性故其爲教始則

欲人盡離諸相而求其所謂空空卽虛也旣則欲
其卽相卽空而契其所謂覺卽知覺也覺性旣得
則空相洞徹神用無方神卽靈也凡釋氏之言性
窮其本末要不出此三者然此三者皆心之妙而
豈性之謂哉使其據所見之及復能向上尋之帝
降之衷亦庶乎其可識矣顧自以爲無上妙道曾
不知其終身尚有尋不到處乃敢遂駕其說以誤
天下後世之人至於廢棄人倫滅絕天理其貽禍
之酷可勝道哉夫攻異端闢邪說孔氏之家法也

或乃陽離陰合貌詆心從以熒惑多士號爲孔氏之徒誰則信之

盈天地之間者惟萬物人固萬物中一物爾乾道變化各正性命人猶物也我猶人也其理容有二哉然形質旣具則其分不能不殊分殊故各私其身理一故皆備於我夫人心虛靈之體本無不該惟其蔽於有我之私是以明於近而暗於遠見其小而遺其大凡其所遺所暗皆不誠之本也然則知有未至欲意之誠其可得乎故大學之敎必始於

格物所以開其蔽也格物之訓如程子九條往往
互相發明其言譬如千蹊萬徑皆可以適國但得
一道而入則可以推類而通其餘爲人之意尤爲
深切而今之學者動以不能盡格天下之物爲疑
是豈常一日實用其工徒自誣耳且如論語川上
之歎中庸鳶飛魚躍之旨孟子犬牛人性之辨莫
非物也於此精思而有得焉則凡備於我者有不
可得而盡通乎又如中庸言大哉聖人之道洋洋
乎發育萬物峻極于天優優大哉禮儀三百威儀

三千待其人而後行夫三百三千莫非人事聖人之道固於是乎在矣至於發育萬物自是造化之功用而以之言聖人之道何耶其人又若何而行之耶於此精思而有得焉天人物我内外本末幽明之故死生之說鬼神之情狀皆當一以貫之而無遺矣然則所謂萬物者果性外之物也耶

格物莫若察之於身其得之尤切程子有是言矣至其荅門人之問則又以為求之情性固切於身然一艸一木亦皆有理不可不察蓋方是時禪學盛

行學者往往溺於明心見性之說其於天地萬物
之理不復置思故常陷於一偏蔽於一已而終不
可與入堯舜之道二程切有憂之於是表章大學
之書發明格物之旨欲令學者物我兼照內外俱
融彼此交盡正所以深救其失而納之於大中良
工苦心知之者誠亦鮮矣夫此理之在天下由一
以之萬物匪安排之力會萬而歸一豈容牽合之
私是故察之於身宜莫先於性情卽有見焉推之
於物而不通非至理也察之於物固無分於鳥獸

艸木卽有見焉反之於心而不合非至理也必灼然有見乎一致之妙了無彼此之殊而其分之殊者自森然其不可亂斯爲格致之極功然非眞積力久何以及此

幽明之故死生之說鬼神之情狀未有物格知至而不能通乎此者也佛氏以山河大地爲幻以生死爲輪廻以天堂地獄爲報應是其知之所未徹者亦多矣安在其爲見性世[illegible]有格此物致此知之緒論以陰售其明心之說者是成何等見識

耶佛氏之幸吾聖門之不幸也
此理誠至易誠至簡然易簡而天下之理得乃成德之事若夫學者之事則博學審問愼思明辨篤行廢一不可循此五者以進所以求至於易簡也苟厭夫問學之煩而欲徑達於易簡之域是豈所謂易簡者哉大抵好高欲速學者之通患爲此說者適有以投其所好中其所欲人之靡然從之無怪乎其然也然其爲斯道之害甚矣可懼也夫
格字古註或訓爲至如格于上下之類或訓爲正如

格其非心之類格物之格二程皆以至字訓之因文生義惟其當而已矣呂東萊釋天壽平格之格又以爲通徹三極而無間愚按通徹無間亦至字之義然比之至字其意味尤爲明白而深長試以訓格於上下曰通徹上下而無間其孰曰不然格物之格正是通徹無間之意蓋工夫至到則通徹無間物即我我即物渾然一致雖合字亦不必用矣

自夫子贊易始以窮理爲言理果何物也哉蓋通天

地亘古今無非一氣而已氣本一也而一動一靜一往一來一闔一闢一升一降循環無已積微而著由著復微爲四時之溫涼寒暑爲萬物之生長收藏爲斯民之日用彝倫爲人事之成敗得失千條萬緒紛紜膠轕而卒不可亂有莫知其所以然而然是卽所謂理也初非別有一物依于氣而立附于氣以行也或者因易有太極一言乃疑陰陽之變易類有一物主宰乎其間者是不然夫易乃兩儀四象八卦之總名太極則衆理之總名也云

易有太極明萬殊之原於一本也因而推其生生之序明一本之散爲萬殊也斯固自然之機不宰之宰夫豈可以形迹求哉斯義也惟程伯子言之最精叔子與朱子似乎小有未合今其說具在必求所以歸於至一斯可矣程伯子嘗歷舉繫辭形而上者謂之道形而下者謂之器立天之道曰陰與陽立地之道曰柔與剛立人之道曰仁與義一陰一陽之謂道數語乃從而申之曰陰陽亦形而下者也而曰道者惟此語截得上下最分明元來

只此是道要在人黙而識之也學者試以此言潛玩精思久久自當有見所謂叔子小有未合者劉元承記其語有云所以陰陽者道又云所以開闔者道竊詳所以二字固指言形而上者然未免微有二物之嫌以伯子元來只此是道之語觀之自見渾然之妙似不須更著所以字也所謂朱子小有未合者葢其言有云理與氣決是二物又云氣強理弱又云若無此氣則此理如何頓放似此類頗多惟荅柯國材一書有云一陰一陽往來不息

即是道之全體此語最爲直截深有合于程伯子之言然不多見不知竟以何者爲定論也

朱子年十五六卽有志於道求之釋氏者幾十年及年二十有四始得延平李先生而師事之於是大悟禪學之非而盡棄其舊習延平既卒又得南軒張子而定交焉誠有麗澤之益者也延平嘗與其友羅博文書云元晦初從謙開善處下工夫來故皆就裏面體認今既論難見儒者路脈極能指其差誤之處自見羅先生來未見有如此者又云此

子别無他事一味潛心於此今漸能融釋於日用處一意下工夫若於此漸熟則體用合矣觀乎此書可以見朱子入道端的其與南軒往復論辨書尺不勝其多觀其論中和最後一書發明心學之妙殆無餘藴又可見其所造之深也誠明兩進著述亦富當時從游之士後世私淑之徒累百千人未必皆在今人之下然莫不心悅而誠服之是豈可以聲音笑貌爲哉今之學者槩未嘗深考其本末但粗讀陸象山遺書數過輒隨聲逐響橫加詆

嘗徒自見其陋也已矣於朱子乎何傷謙開善當是高僧然未及考

自昔有志於道學者罔不尊信程朱近時以道學鳴者則泰然自處於程朱之上矣然考其所得乃程朱早嘗學焉而竟棄之者也夫勤一生以求道乃拾先賢所棄以自珍反從而議其後不亦誤耶雖然程朱之學可謂至矣然其心則固未嘗自以爲至也何以明之程叔子易傳已成學者莫得傳授或以爲請則曰自量精力未衰尚覬有少進爾朱

子年垂七十有於上面猶隔一膜之嘆葢誠有見乎義理之無窮於心容有所未慊者非謙辭也愚甞徧取程朱之書潛玩精思反覆不置惟於伯子之說了無所疑叔子與朱子論著答問不爲不多往往窮深極微兩端皆竭所可疑者獨未見其定於一爾豈其所謂猶隔一膜者乎夫因其言而求其所未一非篤於尊信者不能此愚所以盡心焉而不敢忽也

六經之中言心自帝舜始言性自成湯始舜之四言

未嘗及性性固在其中矣至湯始明言之曰惟皇上帝降衷於下民若有恒性克綏厥猷惟后孔子言之加詳曰一陰一陽之謂道繼之者善也成之者性也仁者見之謂之仁知者見之謂之知百姓日用而不知故君子之道鮮矣又曰性相近子思述之則曰天命之謂性率性之謂道孟子祖之則曰性善凡古聖賢之言性不過如此自告子而下初無灼然之見類皆想像以爲言其言益多其合于聖賢者殊寡卒未有能定於一者及宋程張朱

子出始別自而言之孰爲天命之性孰爲氣質之性參之孔孟驗之人情其說於是乎大備矣然一性而兩名雖曰二之則不是而一之又未能也學者之惑終莫之解則紛紛之論至今不絕於天下亦奚怪哉愚嘗寤寐以求之沈潛以體之積以歲年一旦恍然似有以洞見其本末者竊以性命之妙無出理一分殊四字簡而盡約而無所不通初不假於牽合安排自確乎其不可易也蓋人物之生受氣之初其理惟一成形之後其分則殊其分

之殊莫非自然之理其理之一常在分殊之中此所以為性命之妙也語其一故人皆可以為堯舜語其殊故上智與下愚不移聖人復起其必有取於吾言矣

所謂約而無所不通者請以從古以來凡言性者明之若有恒性理之一也克綏厥猷則分之殊者隱然寓乎其間成之者性理之一也仁者知者百姓也相近也者分之殊也天命之謂性理之一也率性之謂道分之殊也此別有說在後性善理之一也而其

言未及乎分殊有性善有性不善分之殊也而其
言未及乎理一程張本思孟以言性旣專主乎理
復推氣質之說則分之殊者誠亦盡之但曰天命
之性固已就氣質而言之矣曰氣質之性性非天
命之謂乎一性而兩名且以氣質與天命對言語
終未瑩朱子尤恐人之視爲二物也乃曰氣質之
性卽太極全體墮在氣質之中夫旣以墮言理氣
不容無罅縫矣惟以理一分殊蔽之自無往而不
通而所謂天下無性外之物豈不亶其然乎

至理之源不出乎動靜兩端而已靜則一動則萬殊在天在人一也樂記曰人生而靜天之性也感於物而動性之欲也中庸曰喜怒哀樂之未發謂之中發而皆中節謂之和此理之在人也不於動靜求之將何從而有見哉然靜無形而動有象有象者易識無形者難明所貴乎窮理者正欲明其所難明爾夫未發之中卽帝降之衷卽所受天地之中以生者夫安有不善哉惟是喜怒哀樂之發未必皆中乎節此善惡之所以分也節也者理一之

在分殊中也中節卽無失乎天命之本然何善如之或過焉或不及焉猶有所謂善者存焉未可遽謂之惡也必反之然後爲惡反之云者好人之所惡惡人之所好也所以善惡之相去或相倍蓰或相十百或相千萬茲不謂之萬殊而何然欲動情勝雖或流而忘反而中之本體固自若也初未始須臾離也不明乎此而曰我知性非妄歟

樂記所言欲與好惡與中庸喜怒哀樂同謂之七情其理皆根於性者也七情之中欲較重蓋惟天生

民有欲順之則喜逆之則怒得之則樂失之則哀故樂記獨以性之欲爲言欲未可謂之惡其爲善爲惡係於有節與無節爾

天人一理而其分不同人生而靜此理固在於人分則屬乎天也感物而動此理固出乎天分則屬乎人矣君子必慎其獨其以此夫

理一分殊四字本程子論西銘之言其言至簡而推之天下之理無所不盡在天固然在人亦然在物亦然在一身則然在一家亦然在天下亦然在一

歲則然在一日亦然在萬古亦然持此以論性自不須立天命氣質之兩名粲然其如視諸掌矣但伊川既有此言又以爲才稟於氣豈其所謂分之殊者專指氣而言之乎朱子嘗因學者問理與氣亦稱伊川此語說得好却終以理氣爲二物愚所疑未定于一者正指此也

天命之謂性自其受氣之初言也率性之謂道自其成形之後言也蓋形質既成人則率其人之性而爲人之道物則率其物之性而爲物之道均是人

也而道又不盡同仁者見之則謂之仁知者見之則謂之知百姓則日用而不知分之殊也於此可見所云君子之道鮮矣者蓋君子之道乃中節之和天下之達道也必從事於脩道之教然後君子之道可得而性以全戒懼愼獨所以脩道也

喜怒哀樂之未發謂之中子思此言所以開示後學最爲深切蓋天命之性無形象可覩無方體可求學者猝難理會故卽喜怒哀樂以明之夫喜怒哀樂人人所有而易見者但不知其所謂中不知其

爲天下之大本故特指以示人使知性命即此而
在也上文戒慎恐懼即所以存養乎此然知之未
至則所養不能無差或陷於釋氏之空寂矣故李
延平教人須於靜中體認大本未發時氣象分明
即處事應物自然中節李之此指蓋得之羅豫章
羅得之楊龜山楊乃程門高弟其固有自來矣程
伯子嘗言學者先須識仁識得此理以誠敬存之
而已叔子亦言勿忘勿助長只是養氣之法如不
識怎生養有物始言養無物又養箇甚由是觀之

則未發之中安可無體認工夫雖叔子嘗言存養於未發之時則可求中於未發之前則不可此殆一時答問之語未必其終身之定論也且以爲旣思卽是已發語亦傷重思乃動靜之交與發於外者不同推尋體認要不出方寸間爾伯子嘗言天理二字是自家體貼出來又云中者天下之大本天地之間亭亭當當直上直下之正理出則不是若非其潛心體貼何以見得如此分明學者於未發之中誠有體認工夫灼見其直上直下眞如一

物之在吾目斯可謂之知性也已亹亹爲戒懼以
終之庶無負子思子所以垂教之深意乎
存養是學者終身事但知既至與知未至時意味迴
然不同知未至時存養非十分用意不可安排把
捉靜定爲難往往久而易厭知既至存養卽不須
大段着力從容涵泳之中生意油然自有不可遏
者其味深且長矣然爲學之初非有平日存養之
功心官不曠則知亦無由而至朱子所謂誠明兩
進者以此省察是將動時更加之意卽大學所謂

安而慮者然安而能慮乃知止後事故所得者深若尋常致察其所得者終未可同日而語大抵存養是君主省察乃輔佐也

孟子以勿忘勿助長爲養氣之法氣與性一物但有形而上下之分爾養性即養氣養氣即養性顧所從言之不同然更無別法子思所謂戒愼恐懼似乎勿忘之意多孟子語意較完也

格物致知學之始也克己復禮學之終也道本人所固有而人不能體之爲一者葢物我相形則惟知

有我而已有我之私日勝於是乎違道日遠物格則無物惟理之是見己克則無我惟理之是由沛然天理之流行此其所以爲仁也始終條理自不容紊故曰知至至之知終終之知及之而行不逮蓋有之矣苟未嘗眞知禮之爲禮有能不遠而復者不亦鮮乎

顏子克己復禮殊未易言蓋其於所謂禮者見得已極分明所謂如有所立卓爾也惟是有我之私猶有纖毫消融未盡消融盡即渾然與理爲一矣然

此處工夫最難蓋大可爲也化不可爲也若吾徒之天資學力去此良遠但能如謝上蔡所言從性偏難克處克將去即是日用間切實工夫士希賢賢希聖固自有次第也

顔子之猶有我於願無伐善無施勞見之

天地之化人物之生典禮之彰鬼神之秘古今之運死生之變吉凶悔吝之應其說殆不可勝窮一言以蔽之曰一陰一陽之謂道

上天之載無聲無臭不出乎人心動靜之際人倫日

用之間詩所謂昊天曰明及爾出王昊天曰旦及爾游衍即其義也君子敬而無失事天之道庶乎盡之若夫聖人純亦不已則固與天爲一矣

仁至難言孔子之答問仁皆止言其用力之方孟子亦未嘗明言其義其曰仁人心也蓋即此以明彼見其甚切於人而不可失爾與下文人路之義同故李延平謂孟子不是將心訓仁其見卓矣然學者類莫之察往往遂失其旨歷選諸儒先之訓惟程伯子所謂渾然與物同體似爲盡之且以爲義

禮智信皆仁則燦然之分無一不具惟其無一不具故徹頭徹尾莫非是物此其所以爲渾然也張子西銘其大意皆與此合他如曰公曰愛之類自同體而推之皆可見矣

操舍之爲言猶俗云提起放下但常常提撥此心無令放失卽此是操操卽敬也孔子嘗言敬以直內蓋此心常操而存則私曲更無所容不期其直而自直矣先儒有以主敬持敬爲言者似乎欲密反疎後學或從而疑之又不知其實用工果何如也

鳶飛魚躍之三言誠子思喫緊爲人處復言君子之道造端乎夫婦則直窮到底矣蓋夫婦居室乃生生化化之源天命之性於是乎成率性之道於是乎出天下之至顯者實根於至微也聖賢所言無非實事釋氏既斷其根化生之源絕矣猶譊譊然自以爲見性性果何物也哉

有志於道者必透得富貴功名兩關然後可得而入不然則身在此道在彼重藩密障以間乎其中其相去日益遠矣夫爲其事必有其功有其實其名

自附聖賢非無功名但其所爲皆理之當然而不容已者非有所爲而爲之也至於富貴不以其道得之且不處矧從而求之乎苟此心日逐逐於利名而極談道德以爲觀聽之美殆難免乎謝上蔡鸚鵡之譏矣

鬼神乃二氣之良能莫非正也其或有不正者如淫昏之鬼與夫妖孽之類亦未始非二氣所爲但陽氣盛則陽爲之主陰爲之輔而爲正直之鬼神陰氣盛則陰爲之主微陽反爲之役而爲不正之妖

孽妖孽雖是戾氣無陽亦不能成此理至深要在精思而自得之非言說所能盡也凡妖孽之興皆由政教不明陽日消而莫之扶陰日長而莫之抑此感彼應猶影之於形自有不期然而然者然則消異致祥其道亦豈遠乎哉

邵子云一動一靜者天地之至妙者歟一動一靜之間者天地人之至妙至妙者歟性命之理一言而盡之何其見之卓也又其詩有云須探月窟方知物未躡天根豈識人朱子遂取其詞以爲之贊又

有以深達邵子之奥矣學者不求之動静之間固無由見所謂月窟與天根苟天根月窟之不能知則所云至妙至妙者無乃徒爲贊嘆之辭而已儒先深意之所在讀者其可忽諸

未發之中非惟人人有之乃至物物有之蓋中爲天下之大本人與物不容有二顧大本之立非聖人不能在學者則不可不勉若夫百姓則日用而不知孟子所謂異於禽獸者幾希正指此爾先儒或以爲常人更無未發之中此言恐誤若有無不一

安得爲物物物各具一太極乎此義理至精微處斷
不容二三其説也

程子譏呂與叔不識大本非謂赤子無未發之中蓋以赤子之心不能無動動即有所偏着故不可謂之大本爾然中之本體固自若也且其雖有偏着而常純一無僞是以孟子取之即此推尋中之爲義亦庶乎其可識矣

理一也必因感而後形感則兩也不有兩即無一然天地間無適而非感應是故無適而非理

神化者天地之妙用也天地間非陰陽不化非太極不神然遂以太極爲神以陰陽爲化則不可夫化乃陰陽之所爲而陰陽非化也神乃太極之所爲而太極非神也爲之爲言所謂莫之爲而爲者也張子云一故神兩故化蓋化言其運行者也神言其存主者也化雖兩而其行也常一神本一而兩之中無弗在焉合而言之則爲神分而言之則爲化故言化則神在其中矣言神則化在其中矣言陰陽則太極在其中矣言太極則陰陽在其中矣

一而二二而一者也學者於此須認教體用分明
其或差之毫釐鮮不流於釋氏之歸矣
天人物我之分明始可以言理一不然第承用舊聞
而已
窮理盡性以至於命二程所言乃大賢以上事張子
所言乃學者事然物格知至則性命無不了然更
無漸次著行到盡處則有未易言者爾
程叔子答蘇季明之問有云中有甚形體然既謂之
中也須有個形象伯子嘗云中者天下之大本天

地間亭亭當當直上直下之正理玆非形象而何凡有象皆可求然則求中於未發之前何爲不可固知叔子此言非其終身之定論也

形象與形體只爭一字形體二字皆實象字虛實之間然中之爲象與易象又難槩論要在善觀而默識之爾

人物之生本同一氣惻隱之心無所不通故親親而仁民仁民而愛物皆理之當然自有不容已者非人爲之使然也君子之仕也行其義也行吾義即

所以盡吾仁彼溺於富貴而怠返者固無足論偏守一節以爲高者亦未足與言仁義之道也

論治道當以格君心爲本若伊尹之輔太甲周公之輔成王皆能使其君出昏即明克終厥德商周之業賴以永延何其盛也後世非無賢相隨事正救亦多有可稱考其全功能庶幾乎伊周者殊未多見葢必有顔孟之學術然後伊周之相業可希然則作養人才又誠爲治之急務欲本之正而急務之不知猶臨川而乏舟楫吾未見其能濟也已

作養人才必由於學校今學校之教純用經術亦云善矣但以科舉取士學者往往先詞藻而後身心此人才之所以不如古也若因今之學校取程子教養選舉之法推而行之人才事業遠追商周之盛宜有可冀所謂堯舜之智急先務其不在茲乎

其不在茲乎

古之立政也將以足民今之立政也惟以足國古之爲政者將以化民今之爲政者愚夫愚婦或從而議之何民之能化

知人之所以爲難者迹然而心或不然也君子心乎爲善固無不善之迹小人心乎爲惡然未嘗不假仁義以葢其姦其姦愈深則其葢之也愈密幸而有所遇合則其附會彌縫也愈巧自非洞見其心術有不信其爲君子已乎雖其終於必敗然國家受其禍害有不可勝救者矣載稽前史歷歷可徵夫人固未易知苟清明在躬其誠僞亦何容隱或乃蔽於私累於欲失其所以照臨之本夫安得不謬乎然則知言之學正心之功是誠官人者之所

當致力也

法有當變者不可不變不變即無由致治然欲變法須是得人誠使知道者多尚德者衆無彼無已惟善是從則於法之當變也相與議之必精既變也相與守之必固近則爲數十年之利遠則數百年之利亦可致也以天下之大知道者安敢以爲無人誠得其人以爲之表率薰陶鼓舞自然月異而歲不同近則五年遠則十年眞才必當接踵而出矣且談道與議法兩不相悖而實相資三五年間

亦何事之不可舉耶

嘗自一邑觀之爲政者苟非其人民輒生慢易之心雖嚴刑峻法無益也一旦得賢者而臨之用心卽翕然歸向其賢不肖亦不必久而後信但一嚬笑一舉措之間民固已窺而得之風聲之流不疾而速其向背之情自有不約而同者乃感應之常理也故君子之守脩其身而天下平大臣之業一正君而國定知遠之近知風之自知微之顯斯可以爲政矣政與德無二道也

忠告善道非惟友道當然人臣之進言於君其道亦無以易此故矯激二字所宜深戒。夫矯則非忠激則未善欲求感格難矣然激出於忠誠猶可如或出於訐數雖幸而有濟其如勿欺之戒何哉

爲治者常患於乏才才固未嘗乏也顧求之未得其方爾蓋必各舉所知然後天下之才畢見於用孔子告仲弓云舉爾所知爾所不知人其舍諸此各舉所知之義也今舉賢之路殊狹未仕者旣莫得而舉已仕者自藩臬以至郡邑以一道計之其人

亦不少矣而其賢否率取決於一二人之言以此而欲求盡天下之才其可得乎非有以變而通之乏才之嘆何能免也

制度立然後可以阜俗而豐財今天下財用日窘風俗日敝皆由制度隳廢而然也故自衣服飲食宫室輿馬以至於冠婚喪祭必須貴賤有等上下有别則物無妄費而財可豐人無妄取而俗可阜此理之不易者也然法之不行自上犯之君子之德風小人之德草是在朝廷而已矣

井田勢不可復，限田勢未易行。天下之田雖未能盡均，然亦當求所以處之之術。不然，養民之職無時而舉矣。今自兩淮南北，西極漢沔，大率土曠人稀，地有遺利；而江浙之民特爲蕃庶，往往無田可耕。於此有以處之，其所濟亦不少矣。以佚道使民，雖勞不怨。學道愛人之君子，豈無念及於此者乎？然漢之晁錯得行其策於塞下，宋之陳靖不得行其說於京西，此則係乎上之人明與斷何如爾。

理財之道，大學四言盡之，而後世鮮不相戾。公私交病國其所也今太倉之粟化爲月課以入權門者不可勝計內庫之出內司國計者不復預聞謂有政事可乎經費不足則橫斂亟行柰之何民不窮且盜也且唐之德宗猶能納楊炎之請立移財賦於左藏況乃英明之主抑又何難由此推類以盡其餘財不可勝用矣

唐宋諸名臣多尚禪學學之至者亦儘得受用蓋其生質旣美心地復緣此虛靜兼有稽古之功則其運用酬酢雖不中不遠矣且凡爲此學者皆不隱

其名不諱其實初無害其爲忠信也故其學雖誤其人往往有足稱焉後世乃有儒其名而禪其實諱其實而後其名者吾不知其反之於心果何如也

天下大器也必以天下爲度者始能運之才不足恃也雖有過人之才而未聞君子之道其器固易盈也弗盈則大以大運大不其裕乎

人才之見於世或以道學或以詞章或以政事大約有此三等其間又各有淺深高下之異然皆所謂

才也但以余所見聞道學之名世多不喜而凡爲此學者名實亦未必皆副又或未能免於驕吝此嫌謗之所自生也夫學以求道自是吾人分內事以此忌人固不可以之驕人亦惡乎可哉且形迹一分勢將無所不至程蘇之在元祐其事亦可鑒矣是故爲士者當務修其實求士者必兼取其長如此則小大之才各以時成兩不相嫌而交致其用天下之治庶乎其有攸賴矣

○漢高非不用儒顧眞儒亦自難得爾當時如陸賈叔

孫通輩帝皆常納其論說聽其施爲然其規模力量槩可見矣以漢高之明達有賢於二子者詎肯輕棄之乎魯兩生不從叔孫之招揚子雲以大臣許之未知何所見而云然也夫謂禮樂積德百年而後可興其言未爲無理然百年之內必當有所從事況乎禮樂之爲用爲天下國家不可一日無者兩生果大賢歟於其本末先後之序固宜有定見矣即有定見盍出而一陳之使其言果可行而帝不從去就固在我也且惡知其不能用遂視一

極是

叔孫生以爲行止不亦坐失事幾之會哉以愚觀之兩生於道未必有聞蓋偏守一節以爲高者爾不出則爲兩生出則爲四皓恐未足以當大臣之選也

唐府兵之法最爲近古范文正公嘗議欲興復而爲衆說所持道之廢興信乎其有命也愚於此頗嘗究心竊以此法之行灼然有利而無害揆之人情事勢亦無不可行之理顧其脉絡之相聯屬者非一處條目之相管攝者非一端變通之宜要當臨

時裁酌非一言所能盡也然須推廣其制通行於天下使郡邑無處無備緩急斯有所恃以無虞其老弱無用坐食之兵皆歸之農自然國用日舒民力日裕此灼然之利非簸弄筆舌之空談也

楚漢之爭天下高帝身拒項羽于滎陽成皋間令韓信北渡河取魏取趙取燕取齊河北山東之地既舉羽在漢圍中矣然其南猶有九江王黥布圍未合也及隨何以布歸漢則其圍四合矣羽復安所逃乎此漢取天下之大勢也凡用兵制勝以識形

勢爲先然有天下之形勢有一方之形勢有戰陣間之形勢得之則成失之則敗成敗之爲利害有不可勝計者矣今之儒者鮮或談兵要之錢穀甲兵皆吾人分内事何可以不講也且如唐安祿山既犯東京眷留不去李泌郭子儀皆請先取范陽以覆其巢穴此眞識形勢者也肅宗急於收復不從其策河北之地由此失之終唐之世而不能復黄巢横行入廣高駢請分兵守郴循梧昭桂永數州之險自將由大庾度嶺擊之此眞識形勢者也

使從其言[illegible]中兎爾而當國者曾莫之省巢果覆出爲惡遂致滔天然則形勢之所繫豈小哉

天之道日月星辰爲之經風雨雷雲霜露爲之緯經緯有常而元亨利貞之妙在其中矣此造化之所以成也人之道君臣父子夫婦長幼朋友爲之經喜怒哀樂爲之緯經緯不忒而仁義禮智之實在其中矣此德業之所以成也

周子之言性有自其本而言者誠源誠立純粹至善是也有據其末而言者剛善剛惡柔亦如之中焉

止矣是也然通書首章之言渾淪精密讀者或有所未察遂疑周子專以剛柔善惡言性其亦疎矣

太極陰陽之妙善觀者試求之一歲之内自當了然一日之内亦可觀然太近而難詳也一元之内亦可觀然太遠而難驗也要之近而一日遠而一元其虛盈消息相爲循環之理卽一歲而推之無有不合易言復其見天地之心蓋明指其端矣苟明乎此其於酬酢世變又豈待於外求也哉

性無形難有善譬終難盡其妙孟子程子皆嘗取譬

於水其言有不容易者蓋以就下之與在山淸之與濁同一物也然至語其不善一則以爲摶擊使之一則以爲泥沙混之是亦微有不同也會二說而同之性之義庶其盡矣謝顯道記伊川先生語有云禪家之言性猶太陽之下置器其間方圓大小不同特欲傾此於彼爾然在太陽幾時動伊川此語足以破禪家之謬然又言人之於性猶器之受光於日受字固與傾字不類但此譬終覺未親

程伯子論生之謂性一章反覆推明無非理一分殊之義朱子爲學者條析雖詞有詳略而大旨不殊然似乎小有未合請試陳之夫謂人生氣禀理有善惡以其分之殊者言也然不是性中元有此兩物相對而生以其理之一者言也謂人生而靜以上不容說蓋人生而靜卽未發之中一性之眞湛然而已更著言語形容不得故曰不容說繼之者善卽所謂感於物而動也動則萬殊剛柔善惡于是乎始分矣然其分雖殊莫非自然之理故曰惡

亦不可不謂之性既以剛柔善惡名性則非復其本體之精純矣故曰纔說性時便已不是性也下文又以水之清濁爲喻蓋清其至靜之本體而濁其感動之物欲也本體誠至清然未出山以前無由見也亦須流行處方見若夫不能無濁安可無修治之功哉修治之功既至則濁者以之澄定而本體常湛然矣然非能有所增損於其間也故以舜有天下而不與終之切詳章內以上二字止是分截動靜之界由動而言則靜爲以上猶所謂未

發之前未發更指何處爲前蓋據已發而言之爾

朱子於此似求之太過却以爲人物未生時恐非程子本意蓋程子所引人生而靜一語正指言本然之性繼以纔說性時便已不是性二語蓋言世所常說乃性之動而非性之本也此意甚明詳味之自可見若以人生而靜以上爲指人物未生時說則是說維天之命不是性三字無着落矣

程叔子云孟子言性當隨文看不以告子生之謂性爲不然者此亦性也被命受生之後謂之性爾故

不同繼之以犬之性猶牛之性牛之性猶人之性歟然不害為一若乃孟子之言善者乃極本窮源之性嘗考叔子論性之語亦多惟此章意極完備同中有異異中有同性命之實無餘無歉但章末二語恐記錄者不能無少誤爾蓋受氣之初犬牛與人其性未嘗不一成形之後犬牛與人其性自是不同叔子所云不害為一正指本源處言之而下文若乃二字却說開了語脈殊歉照應非記錄之誤而何

二程教人皆以知識爲先其言見於遺書及諸門人所述歷歷可考大學所謂欲誠其意者先致其知知至而后意誠此不易之序也及考朱子之言則曰上蔡說先有知識以敬涵養似先立一物了他日却又有云未能識得涵養箇甚嘗屢稱明道學者先須識仁一段說話極好及胡五峰有欲爲仁必先識仁之體之言則又大以爲疑却謂不必使學者先識仁體其言之先後不一如此學者將安所適從哉愚嘗竊以所從入者驗之斷非先有知

識不可第識仁大是難事明道嘗言天理二字是自家體貼出來此所以識仁之方也然體貼工夫須十分入細一毫未盡即失其眞朱子之言大抵多隨學者之偏而救之是以不一然因其不一而求以歸于至一在我有餘師矣

理之所在謂之心故非存心則無以窮理心之所有謂之性故非知性則無以盡心孟子言心言性非不分明學者往往至於錯認何也求放心只是初下手工夫盡心乃其極致中間緊要便是窮理窮

理須有漸次至於盡心知性則一時俱了更無先後可言如理有未窮此心雖立終不能盡吾人之有事於心地者其盡與不盡反觀内省亦必自知不盡而自以爲盡是甘於自欺而已矣非誠有志於道者

延平李先生曰動静眞僞善惡皆對而言之是世之所謂動静眞僞善惡也非性之所謂動静眞僞善惡也惟求静於未始有動之先而性之静可見矣求眞於未始有僞之先而性之眞可見矣求善於

未始有惡之先而性之善可見矣此等言語是實
下細密工夫體貼出來不可草草看過
動亦定靜亦定性之本體然也動靜之不常者心也
聖人性之心卽理理卽心本體常自湛然了無動
靜之別常人所以膠膠擾擾曾無須臾之定貼者
心後於物而迷其性也夫事物雖多皆性分中所
有苟能順其理而應之亦自無事然而明有未燭
誠有弗存乎時既無所主則臨事之際又烏知理
之所在而順之乎故必誠明兩進工夫純熟然後

定性可得而言此學者之所當勉也
旣不知尊德性爲有所謂道問學此言未爲不是但
恐差認却德性則問學直差到底原所以差認之
故亦只是欠却問學工夫要必如孟子所言博學
詳說以反說約方爲善學苟學之不博說之不詳
而蔽其見於方寸之間雖欲不差弗可得已
程子有云世人只爲一齊在那昏惑迷暗海中拘滯
執泥坑裹便事事轉動不得沒着身處此言於人
甚有所警發但不知如何出脫得也然上文已有

物各付物一言只是難得到此地位非物格知至
而妄意及此其不爲今之狂者幾希

凡言心者皆是已發程子嘗有是言既自以爲未嘗
而改之矣朱子文字猶有用程子舊說未及改正
處如書傳釋人心道心皆指爲已發中庸序中所
以爲知覺者不同一語亦皆已發之意愚所謂未
定於一者此其一也

命之理一而已矣舉陰陽二字便是分殊推之至爲
萬象性之理一而已矣舉仁義二字便是分殊推

之至爲萬事萬象雖衆卽一象而命之全體存焉

萬事雖多卽一事而性之全體存焉

天之道莫非自然人之道皆是當然凡其所當然者皆其自然之不可違者也何以見其不可違順之則吉違之則凶是之謂天人一理

吾儒只是順天理之自然佛老二氏皆逆天背理者也然彼亦未嘗不以自然藉口邵子有言佛氏棄君臣父子夫婦之道豈自然之理哉片言可以折斯獄矣顧彼猶善爲遁辭以爲佛氏門中不舍一

法夫既舉五倫而盡棄之矣尚何法之不舍耶

此下舊本傷冗今削之

靜中有物者程伯子所謂亭亭當當直上直下之正理是也朱子以爲思慮未萌而知覺不昧似乎欠一理字學者或認從知覺上去未免失之

人心有覺道體無爲熟味此兩言亦可以見心性之別矣

朱子辯蘇黃門老子解有云道器之名雖異然其實一物也故曰吾道一以貫之與所云理氣決是二

若知未徹其行必不能勇必不能恒

物者又不同矣爲其學者不求所以歸於至一可乎

乾以易知坤以簡能此人之良知良能所自來也然乾始物坤成物固自有先後之序矣其在學者則致知力行工夫要當並進固無必待所知旣徹而後力行之理亦未有所知未徹而能不疑其所行者也然此只在自勉若將來商量議擬第成一塲閒說話耳果何益哉

張子韶以佛語釋儒書改頭換面將以愚天下之耳

目其得罪於聖門亦甚矣而近世之談道者或猶陰祖其故智往往假儒書以彌縫佛學律以春秋誅心之法吾知其不能免夫

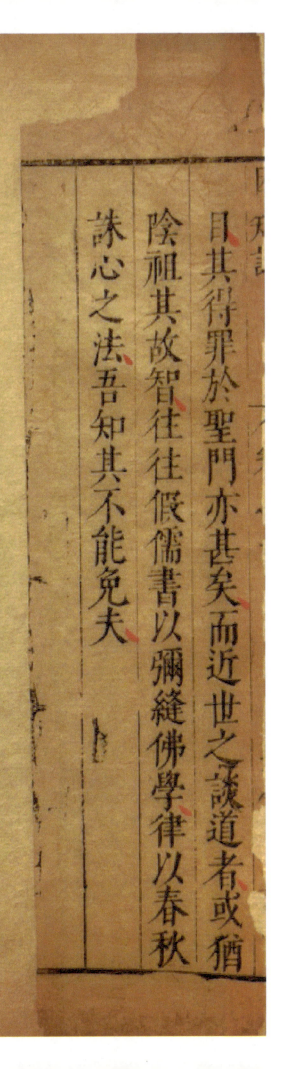

困知記卷之二

明　泰和羅欽順允升甫著

同邑後學　歐陽照文白父

楊嘉祚邦隆父　仝校

眞州後學陳夢暘爾旭父編次

嗣孫　珽仕侯符父

琁仕穉白父　重梓

下篇凡七十五章

嘗讀宋學士新刻楞伽經序具載我

聖祖訓詞由是知
聖祖洞明佛學又嘗讀
御製神樂觀碑有云長生之道世有之不過脩身清
淨脫離幻化疾速去來使無難阻是其機也於此
又知我
聖祖深明老氏之學至於經綸萬務垂訓萬世一惟
帝王相傳之道是遵孔曾思孟之書周程張朱之
說是崇是信彝倫攸敘邪慝無所容
聖子神孫守為家法雖與天地同其悠久可也卓哉

大聖人之見誠高出於尋常萬萬哉
易之爲書有辭有變有象有占變與象皆出於自然其理卽所謂性命之理也聖人繫之辭也特因而順之而深致其意於吉凶悔吝之占凡以爲立人道計爾夫變之極其象斯定象旣定而變復生二者相爲循環無有窮巳文言曰知進退存亾而不失其正者其惟聖人乎夫消變於未形聖人之能事也自大賢以下必資於學繫辭曰君子居則觀其象而玩其辭動則觀其變而玩其占是以自天

祐之吉无不利此學易之極功也占也者聖人於其變動之初逆推其理勢必至於此故明以爲教欲人豫知所謹以免乎悔吝與凶若得其象之既成則無可免之理矣使誠有得於觀玩固能適裁制之宜其或於卜筮得之亦可以不迷乎趨避之路此人極之所以立也是則君子之玩占乃其自用工夫初無待於卜筮若夫卜筮之所尚則君子亦未嘗不與衆人同爾聖人作易之意或者其有在於是乎

程子言聖人用意深處全在繫辭蓋子貢所謂性與天道不可得而聞者繫辭發明殆盡學者苟能有所領會則天下之理皆無所遺凡古聖賢經書微言與義自然通貫爲一而確乎有以自信視彼異端邪說眞若蹄涔之於滄海碔砆之於美玉矣然或韋編屢絶而不能辯世間之學術則亦何以多讀爲哉

劉保齋於卦德卦體卦象從朱子卦變從程子其義甚精蓋亦因其言之不一而求以歸於至一可謂

篤於尊信程朱者矣

詩三百十一篇人情世態無不曲盡燕居無事時取而諷詠之歷歷皆目前事也其可感者多矣百爾君子不知德行不忮不求何用不臧其言誠有味哉

範圍天地之化而不過程子云模範出一天地爾非在外也如此即是與天地脗合之意所謂不過者在聖人朱子云天地之化無窮而聖人爲之範圍不使過於中道所謂裁成者也如此則所謂不過

者疑若指化育然穪惟天地之化消息盈虛而已其妙雖不可測而理則有常聖人裁成之云亦惟因其時順其理爲之節度以遂生人之利非能有所損益也不使過於中道一語似乎欠瑩若程說則簡而明矣

東北喪朋乃終有慶程傳之義爲精用說桎梏覺得本義尤與上下文相協年來深喜讀易但精神漸短浹洽爲難爾大凡讀傳易者於其異同之際切宜致思

孔子作春秋每事只舉其大綱以見意義其詳則具于史當時史文具在觀者便見得是非之公所以春秋成而亂臣賊子懼其後史既亡逸惟聖筆獨存左氏必曾見國史來故其作傳皆有來歷雖難於盡信終是案底

尚書有難曉處正不必枉費心思強通得亦未必是於其明白易曉者熟讀而有得焉殆不可勝用矣

書言以義制事以禮制心易言敬以直內義以方外大旨初無異也但以字在義禮上則人爲之主與

理猶二一以字在敬義下則敬義爲之主人與理一
矣其工夫之疎密造詣之淺深固當有別
堯典有知人之道四嚚訟一也靜言庸違象恭二也
方命圮族三也皆所以知小人克諧以孝四也所
以知君子嚚訟與圮族皆所謂剛惡也靜言象恭
柔惡也小人之情狀固不止此然即此三者亦可
以槩之孝乃百行之首漢去古未遠猶以孝廉取
士然能使頑父嚚母傲象相與感化而不格姦則
天下無不可化之人矣非甚盛德其孰能之堯典

所載曆象授時外惟此四事乃其舉措之大者所舉若此所措若彼非萬世君天下者之法乎苟能取法於斯雖欲無治不可得已

春秋殊未易讀程子嘗言以傳考經之事迹以經別傳之真僞如歐陽文忠所論魯隱趙盾許止三事可謂篤信聖經而不惑於三傳者矣及胡文定作傳則多用三傳之說而不從歐公人之所見何若是之不同耶夫聖筆之妙如化工固不容以淺近窺測然求之太過或及失其正意惟虛心易氣反

覆潛玩勿以衆說汩之自當有得也三傳所長固不容掩然或失之誣或失之鑿安可盡以爲據乎竊謂歐公之論恐未可忽舍程子兩言亦無以讀春秋矣

能者養以之福累見諸本皆作養之以福倒却一字其意味理致迥然不同承訛踵謬若此類蓋亦多矣

樂記人生而靜天之性也感於物而動性之欲也一段義理精粹要非聖人不能言陸象山乃從而疑

之過矣彼蓋專以欲爲惡也夫人之有欲固出於天蓋有必然而不容已且有當然而不可易者於其所不容已者而皆合乎當然之則夫安往而非善乎惟其恣情縱欲而不知反斯爲惡爾先儒多以去人欲遏人欲爲言蓋所以防其流者不得不嚴但語意似乎偏重夫欲與喜怒哀樂皆性之所有者喜怒哀樂又可去乎象山又言天亦有善有惡如日月蝕惡星之類是固然矣然日月之食彗孛之變未有不旋復其常者兹不謂之天理而何

故人道所貴在乎不遠而復奈何滔滔者天下皆是也是則循其本而言之天人曷嘗不一究其末也亦安得而不二哉

曾子問婚禮既納幣有吉日而壻之父母死已葬使人致命女氏曰某之子有父母之喪不得嗣爲兄弟女氏許諾而弗敢嫁禮也壻免喪女之父母使人請壻弗取而后嫁之禮也女之父母死壻亦如之陳澔集說謂壻祥禫之後女之父母使人請壻成婚壻終守前說而不取而后此女嫁於他族若

女免喪壻之父母使人請女家不許壻然後別娶此於義理人情皆說不通何其謬也安有婚姻之約既定直以喪故需之三年之久乃從而改嫁與別娶耶蓋弗取弗許者免喪之初不忍遽爾從吉故辭其請亦所謂禮辭也其後必再有往復婚禮乃成聖人雖未嘗言固可以義推也澔之集說未爲無功於禮但小小疎失肆復有之然害理傷教莫此爲甚

易遯卦遯爻各是一象象各具一理其爲象也不一

而理亦然然究而論之象之不一誠不一也理之不一蓋無往而非一也故曰同歸而殊塗一致而百慮非知道者孰能識之

孟子性也有命焉命也有性焉一章語意極爲完備正所謂理一而分殊也當時孟子與告子論性皆隨其說而折難之故未暇及此如使告子得聞斯義安知其不悚然而悟俛焉而伏也

董子云性者生之質也觀告子論性前後數說其大旨不出生質二字而已董子知尊孔子未必不知

有孟子之說而顧有合於告子豈其亦有所受之
耶
周子太極圖說篇首無極二字如朱子之所解釋可
無疑矣至於無極之真二五之精妙合而凝三語
愚則不能無疑凡物必兩而後可以言合太極與
陰陽果二物乎其爲物也果二則方其未合之先
各安在耶朱子終身認理氣爲二物其源蓋出於
此愚也積數十年潛玩之功至今未敢以爲然也
嘗考朱子之言有云氣強理弱理管攝他不得若

然則所謂太極者又安能爲造化之樞紐品物之根柢耶惜乎當時未有以此說叩之者姑記於此以俟後世之朱子云

朱子謂通書之言皆所以發明太極之藴然書中並無一言及于無極不知果何說也

通書四十章義精詞確其爲周子手筆無疑至如五殊二實一實萬分數語反覆推明造化之妙本末兼盡然語意渾然即氣即理絕無罅縫深有合乎易傳乾道變化各正性命之旨與所謂妙合而凝

者有間矣知言之君子不識以爲何如

張子正蒙由太虛有天之名數語亦是將理氣看作二物其求之不爲不深但語涉牽合殆非性命自然之理也嘗覩程伯子之言有云上天之載無聲無臭其體則謂之易其理則謂之道其用則謂之神其命於人則謂之性只將數字剔撥出示何等明白學者若於此處無所領悟吾恐其終身亂于多說未有歸一之期也

正蒙云聚亦吾體散亦吾體知死之不亡者可與言

性矣又云游氣紛擾合而成質者生人物之萬殊其陰陽兩端循環不已者立天地之大義夫人物則有生有死天地則萬古如一氣聚而生形而爲有有此物即有此理氣散而死終歸於無無此物即無此理安得所謂死而不亡者耶若夫天地之運萬古如一又何死生存亡之有譬之一樹人物乃其花葉天地其根幹也花謝葉枯則脫落而飄零矣其根幹之生意固自若也而飄零者復何交涉謂之不亡可乎故朱子謂張子此言其流乃是

箇大輪廻由其迫切以求之是以不覺其誤如此

游氣紛擾合而成質者生人物之萬殊陰陽兩端循環不已者立天地之大義中庸有兩言盡之曰小德川流大德敦化

曾子易簀仁也子路結纓勇也恐未可一而視之釋經小有不同未爲大害至於義理之本原毫髮不容差互也

正蒙中論禮器禮運甚詳究其歸不出體用兩言而巳體立則用行體信斯達順矣

正蒙有云陰陽之氣循環迭至聚散相盪升降相求
絪緼相揉蓋相兼相制欲一之而不能此其所以
屈伸無方運行不息莫或使之不曰性命之理謂
之何哉此段議論最精與所謂太虛氣化者有間
矣蓋其窮思力索隨有所得即便劄記先後初不
同時故淺深疏密亦復不一讀者擇焉可也
六經之道同歸而禮樂之用爲急然古禮古樂之亡
也久矣其遺文緒論僅有存者學者又鮮能熟讀
其書深味其旨詳觀其會通斟酌其可行之實遂

使先王之禮樂曠千百年而不能復其施用於當世者類多出於穿鑿附會之私而已可慨也夫

邵子因學數推見至理其見處甚超殆與二程無異而二程不甚許之者葢以其發本要歸不離於數而已其作用既別未免與理爲二也故其出處語默揆之大中至正之道時或過之程伯子嘗語學者云賢看某如此某煞用工夫葢必反身而誠斯爲聖門一貫之學爾

天道之變盡於春夏秋冬世道之變盡於皇帝王霸

是固然矣然一年之内四氣常均且冬則復春春則復夏自三皇以至今日葢四千餘年而霸道獨爲長久何也豈天道往則必復世道將一往而遂不反耶僅有一說王霸之道雖殊然霸者之所假亦必帝王之道漢唐宋皆多歷年所其間帝王之道固嘗少試於天下然則雖謂之帝王之世可矣

視聽思慮動作皆天也人但於其中要識得真與妄爾動以天之謂真動以人之謂妄天人本無二人只緣有此形體與天便隔一層除却形體渾是天

也然形體如何除得但克去有我之私便是除也邵子云中庸非天降地出揆物之理度人之情行其所安斯爲得矣愚竊以爲物理人情之所安固從天降地出者也子思作中庸一書首言天命之謂性終以上天之載無聲無臭二語中間散爲萬事有一不出於天者乎故君子依乎中庸無非順天而已不容一毫私智有所作爲於其間也以邵子之高明固已妙達天人之蘊而其言如此豈其急於誘進學者姑指而示之近歟記禮者亦有此言

要非深意之所存也

春秋事迹莫詳於左傳左氏於聖人筆削意義雖無甚發明然後之學春秋者得其事迹爲據而聖經意義所在因可測識其功亦不少矣且如楚世子商臣之惡向非左傳載之之詳何由知其惡之所自既不知其惡之所自則聖人垂戒之意荒矣葢凡篡弒之釁非但以垂戒臣子亦以垂戒君父夫君不君則臣不臣父不父則子不子此一說也君雖不君臣不可以不臣父雖不父子不可以不子

此又一說也君君臣臣父父子子然後綱常正而品物遂此春秋所以有功於萬世也或乃謂春秋凡書弑君弑卽是罪何必更求其詳果如其言卽不過發讀者一長嘆而已於世道亦何補而聖人又奚以作春秋爲哉

理須就氣上認取然認氣爲理便不是此處間不容髮最爲難言要在人善觀而默識之只就氣認理與認氣爲理兩言明有分別若於此看不透多說亦無用也

或問楊龜山易有太極莫便是道之所謂中否曰然若是則本無定體當處卽是太極耶曰然兩儀四象八卦如何自此生曰既有太極便有上下有上下便有左右前後有左右前後四方便有四維皆自然之理也龜山此段說話詞甚平易而理極分明直是看得透也然學者於此當知聖人所謂太極乃據易而言之葢就實體上指出此理以示人不是懸空立說須子細體認可也

謝上蔡有言心之窮物有盡而天者無盡如之何包

之此言不知爲何而發夫人心之體卽天之體本來一物無用包也但其主於我者謂之心爾心之窮物有盡由窮之而未至爾物格則無盡矣無盡卽無不盡夫是之謂盡心心盡則與天爲一矣如其爲物果二又豈人之智力之所能包也哉

程伯子嘗言萬物皆備於我不獨人爾物皆然佛家亦言蠢動含靈皆有佛性其大旨殆無異也而伯子不可其說愚嘗求其所以不可之故竟莫能得也夫佛氏之所謂性者覺吾儒之所謂性者理得

失之際無待言矣然人物之生莫不有此理亦莫不有此覺以理言之伯子所謂不獨人爾物皆然是也以覺言之蠢動含靈與佛容有異乎凡伯子之言前後不同者似此絕少愚是用反覆推究以求歸於至一云

國初深於理學者殊未多見禪學中却儘有人儒道之不融雖則有數存焉吾人不得不任其責也當時宋潛溪爲文臣之首文章議論施於朝廷而達之天下者何可勝述然觀其一生受用無非禪學

而已以彼之聰明博洽使於吾道誠加之意由博而約當有必至之理其所成就豈不偉然爲一代之鉅儒哉棄周鼎而寶康瓠吾不能不深爲潛溪惜也

禪學畢竟淺若於吾道有見復取其說而詳究之毫髮無所逃矣

朱陸之異同雖非後學所敢輕議然置而弗辨將莫知所適從於辨宜有不容已者辨之弗明而弗措焉必有時而明矣豈可避輕議儒先之咎含胡兩

可以厚誣天下後世之人哉夫斯道之弗明于天
下凡以禪學混之也其初不過毫釐之差其究奚
啻千萬里之遠然爲禪學者既安於其陋了不知
吾道之爲何物爲道學者或未嘗通乎禪學之本
末亦無由眞知其所以異於吾道者果何在也嘗
考兩程子張子朱子早歲皆嘗學禪亦皆能究其
底蘊及於吾道有得始大悟禪學之非而盡棄之
非徒棄之而已力排痛闢閔閔焉惟恐人之陷溺
於其中而莫能自振以重爲吾道之累凡其排闢

之語皆有以洞見其肺腑而深中其膏肓之病初非出於揣摩臆度之私也故朱子目象山爲禪學蓋其見之審矣豈嘗有所嫌忌必欲文致其罪而故加之以是名哉愚自受學以來知有聖賢之訓而已初不知所謂禪者何也及官京師偶逢一老僧漫問何由成佛余亦漫舉禪語爲答云佛在庭前栢樹子愚意其必有所謂爲之精思達旦攬衣將起則恍然而悟不覺流汗通體既而得禪家證道歌一編讀之如合符節自以爲至奇至妙天下

之理莫或加焉後官南雍則聖賢之書未嘗一日去手潛玩久之漸覺就實始知前所見者乃此心虛靈之妙而非性之理也自此研磨體認日復一日積數十年用心甚苦年垂六十始了然有見乎心性之真而確乎有以自信朱陸之學於是乎僅能辨之良亦鈍矣蓋嘗徧閱象山之書大抵皆明心之說其自謂所學因讀孟子而自得之時有議之者云除了先立乎其大者一句全無伎倆其亦以為誠然然愚觀孟子之言與象山之學自別於

此而不能辨非惟不識象山亦不識孟子矣孟子云耳目之官不思而蔽於物物交物則引之而已矣心之官則思思則得之不思則不得也此天之所以與我者先立乎其大者則其小者不能奪也一段言語甚是分明所貴乎先立其大者何以其能思也能思者心所思而得者性之理也是則孟子喫緊爲人處不出乎思之一言故他日又云仁義禮智非由外鑠我也我固有之也弗思耳矣而象山之教學者顧以爲此心但存則此理自明當

惻隱處自惻惻隱當羞惡處自羞惡當辭遜處自辭遜是非在前自能辨之又云當寬裕溫柔自寬裕溫柔當發強剛毅自發強剛毅若然則無所用乎思矣非孟子先立乎其大者之本旨也夫不思而得乃聖人分上事所謂生而知之者而豈學者之所及哉苟學而不思此理終無由而得凡其當如此自如此者雖或有出於靈覺之妙而輕重長短類皆無所取中非過焉斯不及矣遂乃執靈覺以爲至道謂非禪學而何蓋心性至爲難明象山之

誤正在於此故其發明心要動輒數十百言亹亹
不倦而言及于性者絕少間因學者有問不得已
而言之止是枝梧籠罩過並無實落良由所見不
的是以不得於言也嘗考其言有云心即理也然
則性果何物耶又云在天者爲性在人者爲心然
則性果不在人耶既不知性之爲性舍靈覺即無
以爲道矣謂之禪學夫復何疑然或者見象山所
與王順伯書未必不以爲禪學非其所取殊不知
象山陽避其名而陰用其實也何以明之蓋書中

但言兩家之教所從起者不同初未嘗顯言其道之有異豈非以儒佛無二道惟其主於經世則遂爲公爲義爲儒者之學乎所謂陰用其實者此也或者又見象山亦嘗言致思亦嘗言格物亦嘗言窮理未必不以爲無背於聖門之訓殊不知言雖是而所指則非如云格物致知者格此物致此知也窮理者窮此理也思則得之得此者也先立乎其大者立此者也固皆本之經傳然以立此者也一語證之則凡所謂此者皆指心而言也聖經之

所謂格物窮理果指心乎故其廣引博證無非以曲成其明心之說求之聖賢本旨竟乖戾而不合也或猶不以爲然請復實之以事有楊簡者象山之高第弟子也嘗發本心之問遂於象山言下忽省此心之清明忽省此心之無始末忽省此心之無所不通有詹阜民者從游象山安坐瞑目用力操存如此者半月一日下樓忽覺此心已復澄瑩象山目逆而視之曰此理已顯也蓋惟禪家有此機軸試觀孔曾思孟之相授受曾有一言似此否

此語安能服慈湖况象山耶

乎其證佐之分明脉絡之端的雖有善辨殆不能爲之出脫矣蓋二子者之所見卽愚往年所見之光景愚是以能知其誤而究言之不敢爲含胡兩可之詞也嗟夫象山以英邁絕人之資遇高明正直之友使能虛心易氣舍短取長以求歸于至當卽其所至何可當也顧乃眩於光景之奇特而忽於義理之精微向道雖勤而朔南莫辨至於沒齒曾莫知其所以生者不亦可哀也夫其說之傳至于今未泯尊崇而信奉之者時復有見於天下杜

牧之有云亦使後人而復哀後人也愚惕然有感乎斯言是故不容於不辨

程子曰聖賢千言萬語只是欲人將已放之心約之使反復入身來自能尋向上去下學而上達也嘗見席文同鳴寃錄提綱有云孟子之言程子得之程子之後陸子得之然所引程子之言只到復入身來而止最緊要是自能尋向上去下學而上達二語却裁去不用果何說耶似此之見非惟無以直象山之寃正恐不免寃屈程子也

程子言性卽理也象山言心卽理也至當歸一精義無二此是則彼非彼是則此非安可不明辨之吾夫子贊易言性屢矣曰乾道變化各正性命曰成之者性曰聖人作易以順性命之理曰窮理盡性以至於命但詳味此數言性卽理也明矣於心亦屢言之曰聖人以此洗心曰易其心而後語曰能說諸心夫心而曰洗曰易曰說洗心而曰以此試詳味此數語謂心卽理也其可通乎且孟子嘗言理義之悅我心猶芻豢之悅我口尤爲明白易

見故學而不取證于經書一切師心自用未有不自誤者也自誤已不可況誤人乎

象山言孔子十五而志於學是已知道時矣雖有所知未免乍出乍入乍明乍晦或警或縱或作或輟至三十而立則無出入明晦警縱作輟之分矣然於事物之間未能灼然分明見得至四十始不惑夫其初志於學也即已名爲知道緣何旣立之後於事物之間見得猶未分明然則所已知者果何道所未見者果何物耶豈非以知存此心即爲知

道耶然象山固嘗有言但此心之存則此理自明
以聖人之資猶待二十五年之久方能灼然有見
則其言亦不副矣且所知所見各爲一物吾聖人
之學安有是哉愚非敢輕議儒先不直則道不見
有罪我者固不得而辭也

吳康齋之志於道可謂專且勤矣其所得之淺深無
所考見觀其辭官後疏陳十事皆組織聖賢成說
殊無統紀求之孟子反約之旨得無有未至乎其
辭官一節眞足以廉頑立懦察其初意亦非以不

屈爲高蓋欲少需歲時有所獻納觀其合否以爲去就之決也但當時事體殊常形勢多阻淺深之際斟酌爲難諸老所以不復堅留其或有見而康齋之決去所得亦已多矣謇齋瑣綴錄記康齋晚年一二事雖未必誣然好學如康齋節操如康齋何可多得取其大而略其細固君子之道也

薛文清讀書錄甚有體認工夫見得到處儘到區區所見蓋有不期而合者矣然亦有未能盡合處信乎歸一之難也錄中有云理氣無縫隙故曰器亦

道道亦器其言當矣至於反覆證明氣有聚散理無聚散之説愚則不能無疑夫一有一無其爲縫隙也大矣安得謂之器亦道道亦器耶蓋文淸之於理氣亦始終認爲二物故其言未免時有窒礙也夫理精深微妙至爲難言苟毫髮失眞雖欲免於窒礙而不可得故吾夫子有精義入神之訓至於入神則無往而不通矣此非愚所能及然心思則旣竭焉嘗竊以爲氣之聚便是聚之理氣之散便是散之理惟其有聚有散是乃所謂理也推之

造化之消長事物之終始莫不皆然如此言之自是分明並無窒礙雖欲尋其縫隙了不可得矣不識知言之君子以爲何如

薛文清學術純正踐履篤實出處進退惟義之安其言雖間有可疑然察其所至少見有能及之者可謂君子儒矣

讀書錄有云韓魏公范文正諸公皆一片忠誠爲國之心故其事業顯著而名望孚動於天下後世之人以私意小智自持其身而欲事業名譽比擬前

賢難矣哉其言甚當薛文淸葢有此心非徒能爲
此言而已大抵能主忠信以爲學則必有忠誠以
事君事君之忠當素定於爲學之日

近世道學之倡陳白沙不爲無力而學術之誤亦恐
自白沙始至無而動至近而神此白沙自得之妙
也愚前所謂徒見夫至神者遂以爲道在是矣而
深之不能極而幾之不能研雖不爲白沙而發而
白沙之病正恐在此章楓山嘗爲余言其爲學本
末固以禪學目之胡敬齋攻之尤力其言皆有所

據公論之在天下有不可得而誣者矣

丘文莊公雅不喜陳白沙大學衍義中有一處譏議異學似乎爲白沙發也然公之文學固足以名世而未有以深服白沙之心其卒也白沙祭之以文意殊不滿此殆程子所謂克己最難者也

胡敬齋大類尹和靖皆是一敬字做成居業錄中言敬最詳蓋所謂身有之故言之親切而有味也然亦儘窮理但似乎欠透如云氣乃理之所爲又云人之道乃仁義之所爲又云所以爲是太和者道

也又云有理而後有氣又云易即道之所爲但熟讀繫辭傳其說之合否自見蓋朱子雖認理氣爲二物然其言極有開闔有照應後來承用者思慮皆莫之及是以失之若余子積之性書則其甚焉者也性書有云氣嘗能輔理之美矣理豈不救氣之衰乎余偶爲着一語云不謂理氣交相爲賜如此

胡敬齋力攻禪學蓋有志於聞聖道者也但於禪學本末似乎未嘗深究動以想像二字斷之安能得

其心服耶蓋吾儒之有得者固是實見禪學之有
得者亦是實見但所見者不同是非得失遂於此
乎判爾彼之所見乃虛靈知覺之妙亦自分明脫
灑未可以想像疑之然其一見之餘萬事皆畢卷
舒作用無不自由是以猖狂妄行而終不可與入
堯舜之道也愚所謂有見於心無見於性當爲不
易之論使誠有見乎性命之理自不至於猖狂妄
行矣蓋心性至爲難明是以多誤謂之兩物又非
兩物謂之一物又非一物除却心即無性除却性

羅近溪童子捧茶從此來

即無心惟就一物中分剖得兩物出來方可謂之
知性學未至於知性天下之言未易知也
居業錄云婁克貞見搬木之人得法便說他是道此
與運水搬柴相似指知覺運動爲性故如此說夫
道固無所不在必其合乎義理而無私乃可爲道
豈搬木者所能設使能之亦是儒者事矣其心必
以爲無適而非道然所搬之木苟不合義亦可謂
之道乎愚讀此條不覺慨然興嘆以爲義理之未
易窮也夫法者道之別名凡事莫不有法苟得其

此等處須辨別處

法即爲合理是即道也搬木者固不知道爲何物但據此一事自是暗合道妙與夫婦之愚不肖與知能行一也道固無所不在若搬木得法而不謂之道得無有空缺處邪木所從來或有非義此其責在主者夫豈搬者之過邪若搬者即主則其得法處自是道得之非義自是非道顧可舉一而廢百邪禪家所言運水搬柴無非妙用蓋但以能搬能運者即爲至道初不問其得法與否此其所以與吾儒異也克貞雖是禪學然此言却不差敬齋

乃從而議之過矣

王伯安學術具在傳習錄中觀其與蕭惠及陸原靜答問數章可謂吾無隱乎爾錄中千言萬語無非是物而變動不居故驟而讀之者或未必能知其落着也原靜却善問儘會思索第未知後來契合何如

嘗得湛元明所著書數種觀其詞氣格力甚類揚子雲蓋欲成一家言爾然元明自處甚高自負甚大子雲豈其所屑爲哉區區之見多有未合恨無由

相與細講以歸于至一姑記其一二如左

一陰一陽之謂道吾夫子贊易語也元明云自其一陰一陽之中者謂之道然則聖人之言亦容有欠缺處邪殆不然矣

易卦三百八十四爻中正備者六十有四中而不正者亦六十有四正而不中者百二十有八不中不正者亦百二十有八元明云吾觀於大易而知道器之不可以二也爻之陰陽剛柔氣也得其中正焉道也其說器字甚明然但以得其中正者爲道

不過六十四爻而已餘爻三百二十以爲非道則
道器不容於不二矣如以爲道則固未嘗得其中
正也不識元明果何以處之邪
元明言犬牛之性非天地之性即不知犬牛何從得
此性來天地間須是二本方可
所謂理一者須就分殊上見得來方是眞切佛家所
見亦成一片緣始終不知有分殊此其所以似是
而非也其亦嘗有言不可籠統眞如顢頇佛性大
要以警夫頑空者爾於分殊之義初無干涉也其

既以事爲障又以理爲障直欲掃除二障乃爲至道安得不爲籠統顢頇乎陳白沙謂林緝熙曰斯理無一處不到無一息不運得此欛柄入手更有何事其說甚詳末乃云自兹以往更有分殊處合要理會夫猶未嘗理會分殊而先已得此欛柄愚恐其未免於籠統顢頇也況其理會分殊工夫求之所以自學所以教人皆無實事可見得非欲稍自别於禪學而姑爲是言邪湛元明爲作改葬墓碑并合要理會一句亦不用其平日之心傳口授

必有在矣
白沙詩教開卷第一章乃其病革時所作以示元明者也所舉經書曾不過一二語而遂及於禪家之杖喝何邪殆熱處難忘也所云莫杖莫喝只是掀翻說蓋一悟之後則萬法皆空有學無學有覺無覺其妙旨固如此金針之譬亦出佛氏以喻心法也誰掇云者殆以領悟者之鮮其人而深屬意於元明耳觀乎莫道金針不傳與江門風月釣臺深之句其意可見註乃謂深明正學以闢釋氏之非

豈其然乎溥博淵泉而時出之道理自然語意亦自然曰藏而後發便有作弄之意未可同年而語也四端在我無時無處而不發見知皆擴而充之即是實地上工夫今乃欲於靜中養出端倪既一味靜坐事物不交善端何緣發見遏伏之久或者忽然有見不過虛靈之光景耳朝聞夕死之訓吾夫子所以示人當汲汲于謀道庶幾無負此生故程子申其義云聞道知所以爲人也夕死可矣是不虛生也今顧以此言爲處老處病處死之道不

幾于侮聖言者乎道乃天地萬物公共之理非有我之所得私聖賢經書明若日星何嘗有一言以道爲吾爲我惟佛氏妄誕乃曰天上天下惟我獨尊今其詩有云無窮吾亦在又云玉臺形我我何形吾也我也註皆指爲道也是果安所本邪然則所謂纔覺便我大而物小物有盡而我無盡正是惟我獨尊之說姑自成一家可矣必欲強合於吾聖人之道難矣哉

楊方震復余子積書有云若論一則不徒理一而氣

亦一也若論萬則不徒氣萬而理亦萬也此言甚當但亦字稍覺未安

人呼吸之氣卽天地之氣自形體而觀若有內外之分其實一氣之往來爾程子云天人本無二不必言合卽氣卽理皆然

蔡介夫中庸蒙引論鬼神數段極精其一生做窮理工夫且能力行所學蓋儒林中之傑出者

老子五千言諸丹經無不祖之詳其首尾殊未見其有不合者然則長生久視之道當出於老子無疑

矣

魏伯陽參同契將六十四卦翻出許多說話直是巧其實一字也無所用故有教外别傳之說後來張平叔說得亦自分明所謂工夫容易藥非遥說破人須失笑是已使吾朱子灼知其爲可笑其肯留意於此乎然朱子之考訂此書與註楚辭一意蓋當其時其所感者深矣吾黨尤不可不知

參同契有彭曉陳顯微儲華谷陰眞人俞琰陳致虛六家注皆能得其微旨内俞註最佳次則二陳陰

註似乎意未盡達蘊秘之也儲註甚簡中間却有眼目彭註亦未甚明又有無名氏二家註一家專言內事一家以傳會鑪火之術失之遠矣俞有易外別傳一卷亦佳其言大抵明備而含蓄此所以優於他注也

讀參同契發揮到蟾蜍與兎魄日月無雙明下方出呼吸二字要之金丹作用之妙不出呼吸二字而已如不識此二字之爲妙皆惑於他岐者也

仙家妙旨無出參同契一書然須讀悟眞篇首尾貫

通而無所遺方是究竟處也悟眞篇本是發明仙家事末乃致意於禪其必有說矣然使眞能到得究竟處果何用乎

神仙之說自昔聰明之士鮮不慕之以愚之愚早亦嘗究心焉後方識破故詳舉以爲吾黨告也天地間果有不死之物是爲無造化矣誠知此理更不必枉用其心如其信不能及必欲僥倖於萬一載胥及溺當誰咎哉

嘗閱佛書數種姑就其所見而論之金剛經心經可

爲簡盡圓覺詞意稍復法華緊要指示處纔十二三餘皆閑言語耳且多誕謾達摩雖不立文字直指人心見性成佛然後來說話不勝其多亦嘗略究其始終其教人發心之初無眞非妄故云若見諸相非相卽見如來悟入之後則無妄非眞故云無明眞如無異境界雖頓漸各持一說大抵首尾衡決眞妄不分眞詖淫邪遁之尤者如有聖王出韓子火攻之策其必在所取夫

朱子嘗答金剛經大意之問有云彼所謂降伏者非

謂欲遏伏此心謂盡降收世間衆生之心入宅無餘涅槃中滅度都教你無心了方是此恐未然詳其語意只是就發阿耨多羅三藐三菩提心者說蓋欲盡滅諸相乃見其所謂空者耳

法華經如來壽量品所云成佛以來甚大久遠壽命無量常住不滅雖不實滅而言滅度以是方便教化衆生此經中切要處諸佛如來秘密之藏不過如此聞言語居其大半可厭分别功德品偈中所說若布施若持戒若忍辱若精進若禪定五波羅

蜜皆謂之功德及云有善男女等聞我說壽命乃至一念信其福過於彼葢於雖滅不滅之語若信得及卽是實見是爲第一般若多羅蜜其功德不可思議以前五者功德比此千萬億分不及其一其實只爭悟與未悟而已

事理二障出圓覺經其失無逃于程子之論矣經有艸堂僧宗密疏略未及見但見其所自序及裴休一序說得佛家道理亦自分明要皆只是說心遂認以爲性終不知性是何物也此經文法圓熟照

應分明頗疑翻譯者有所潤色大抵佛經皆出番
譯者之手非盡當時本文但隨其才識以爲淺深
工拙焉耳
中庸舉鳶飛戾天魚躍于淵二語而申之曰言其上
下察也佛家亦嘗有言靑靑翠竹盡是眞如鬱鬱
黃花無非般若語意絕相似只是不同若能識其
所以不同自不爲其所惑矣
朱子嘗論及釋氏之學大抵謂若識得透應干罪惡
即都無了然則此一種學在世上乃亂臣賊子之

三窟耳所舉王履道者愚未及詳攷其人但嘗驗之邪恕明辯有才而復染禪學後來遂無所不爲吁可畏哉

困知記續卷之三

明　泰和羅欽順允升父著

同邑後學　歐陽照文白父

楊嘉祚邦隆父　仝校

眞州後學陳夢暘爾旭父編次

嗣孫　珽仕侯符父

琁仕穉白父　重梓

凡八十章

異端之說自古有之考其爲害莫有過於佛氏者矣

佛法初入中國惟以生死輪廻之說動人人之情莫不貪生而惡死苟可以免輪廻出生死安得不惟其言之聽旣有求於彼則彼之遺君親滅種類凡得罪於名教者勢不得不姑置之然吾儒之信之者猶鮮也其後有達磨者至直指人心見性成佛以爲一聞千悟神通自在不可思議則其說之玄妙逈非前日比矣於是高明者亦往往惑焉惑及於高明則其害有不可勝救者矣何哉蓋高明之士其精神意氣足以建立門戶其聰明才辯足

以張大誽辭旣以其道爲至則取自古帝王精一執中之傳孔門一貫忠恕之旨克己爲仁之訓大學致知格物之敎中庸性道中和之義孟子知言養氣盡心知性之說一切皆以其說亂之眞妄混淆學者茫然莫知所適一入其陷穽鮮復能有以自拔者故內之無以立大中至正之本外之無以達經世宰物之用敎衰而俗敗不但可爲長太息而已向非兩程子張子朱子身任斯道協心并力以排斥之吾人之不變於夷者能幾何哉惟數君

子道德之充備學術之純深辨論之明確自孟子而後莫或過之故其言一出聰明豪傑之士靡不心服近者親而炙之遠者聞風而起相與爲之羽翼以推行其説於天下者繩繩不乏迨我
聖祖出位隆君師興學育才一以五經四書及數君子之説爲教則主張斯道者又誠有所賴矣故自朱子沒迄今三四百年天下之士非聖賢之學不講而所謂禪學者以之滅息是豈一人一日之力哉夫何近世以來乃復潛有衣鉢之傳而外假於

道學以文其說初學之士既莫能明乎心性之辨
世之老師宿儒又往往不屑究心於所謂禪者故
其說之興能救正者殊鮮而從之者實繁有徒其
志將以求道也曾不知其所求之非道也豈不誤
哉愚也才質凡下於數君子無能爲役但以初未
學禪而偶嘗有悟從事於吾儒之學也久而性命
之理亦粗若有見焉故於異同之際頗能辨别雖
嘗著之於策傳之吾黨庶幾愛助之萬一時復披
閲則猶病其說之未詳懼無以解夫人之惑也記

於是乎有續云

佛氏之所謂性覺而已矣其所謂覺不出乎見聞知覺而已矣然又有謂法離見聞覺知者豈見聞知覺之外別有所謂覺邪良由迷悟之不同爾後來其徒之桀黠者因而造妖揑怪百般作弄神出鬼沒以逞其伎倆而聳動人之聽聞秖爲衆人皆在迷中不妨東説西説謂莫能與之明辨也今須據他策子上言語反覆異同處一一窮究以見其所謂性者果不出於見聞知覺別無妙理然後吾儒

之性理可得而明有如士師之折獄兩造具備精加研覈必無以隱其情矣其情既得則是非之判有如黑白至此而猶以非爲是不幾於無是非之心者乎

達磨者禪家之初祖也其傳法二祖時嘗謂之曰吾觀震旦所有經教惟楞伽四卷可以印心遂併授之自後其徒皆尊信此經以爲秘典則今所宜按據以窮究其所謂性者無出此經此經凡四譯四卷者乃劉宋時譯本其文頗奥澁難讀當出自佛

曰無疑　國初高僧宗泐如玘嘗奉
詔註釋參以唐本亦頗明白但經中言語初無次第
散漫不一觀者猝難理會今輒聯比而貫通之以
究極其歸趣遇與蕪處間亦附入註語以暢其義
高明之士有深於其說者當知余言之不妄也
楞伽大旨有四曰五法曰三自性曰八識曰二無我
一切佛法悉入其中經中明言之矣五法者名也
相也妄想也正智也如如也三自性者妄想自性
緣起自性成自性也八識者識藏也意根意識眼

識耳識鼻識舌識身識也二無我者人無我法無我也凡此諸法不出迷悟兩途蓋迷則爲名爲相爲妄想爲妄想緣起自性爲人法二執而識藏轉爲諸識悟則爲正智爲如如爲成自性爲人法無我而諸識轉爲眞識所謂人法則五陰十二入十八界是巳五陰者色受想行識也十二入者眼耳鼻舌身意六根對色聲香味觸法六塵也加之六識是爲十八界合而言之人也析而言之法也有所覺之謂悟無所覺之謂迷佛者覺也而覺有二

義有始覺有本覺始覺者目前悟入之覺卽所謂
正智也卽人而言之也本覺者常住不動之覺卽
所謂如如也離人而言之也因始覺而合本覺所
以成佛之道也及其至也始覺正智亦泯而本覺
朗然獨存則佛果成矣故佛有十號其一曰等正
覺此之謂也本覺乃見聞知覺之體五陰之識屬
焉見聞知覺乃本覺之用十八界之識屬焉非本
覺卽無以爲見聞知覺舍見聞知覺則亦無本覺
矣故曰如來於陰界入非異非不異其謂法離見

聞覺知者何懼其着也佛以離情遣着然後可以入道故欲人於見聞知覺一切離之離之去者非不見不聞無知無覺也不着於見聞知覺而已矣金剛經所謂心不住法而行布施應無所住而生清淨心即其義也然則佛氏之所謂性不亦明甚矣乎彼明以知覺爲性始終不知性之爲理乃欲强合於吾儒以爲一道如之何其可合也昔達磨弟子波羅提嘗言作用是性有偈云在胎爲身處世爲人在眼曰見在耳曰聞在鼻辨香在口談論

在手執捉在足運奔徧現俱該沙界收攝在一微
塵識者知是佛性不識喚作精魂識與不識即迷
悟之謂也知是佛性即所謂正智如如喚作精魂
即所謂名相妄想此偈自是真實語後來桀黠者
出嫌其淺近乃入揑出一般鬼怪詭話直是玄
妙直是奇特以利心求者安得不為其所動乎張
子所謂詖淫邪遁之辭翕然並興一出於佛氏之
門誠知言矣然造妖揑怪不止其徒但嘗略中其
毒者往往便能如此吾黨尤不可不知

楞伽四卷卷首皆云一切佛語心品良以萬法唯識
諸識唯心種種差別不出心識而已故經中之言
識也特詳第一卷首言諸識有二種生住滅謂流
注生住滅相生住滅次言諸識有三種相謂轉相
業相眞相又云略說有三種識廣說有八相何等
爲三謂眞識現識及分別事識又云若覆彼眞識
種種不實諸虛妄滅則一切根識滅是名相滅又
云轉識藏識眞相若異者藏識非因若不異者轉
識滅藏識亦應滅而自眞實相不滅非自眞實相

滅但業相滅若自眞實相滅者藏識則滅藏識滅者不異外道斷見論議又破外道斷見云若識流注滅者無始流注應斷又云水流處藏識轉識浪生又云外境界風飄蕩心海識浪不斷又偈云藏識海常住境界風所動種種諸識浪騰躍而轉生又偈云凡夫無智慧藏識如巨海業相猶波浪依彼譬類通第二卷有云一切自性習氣藏意意識習見轉變名爲涅槃註云自性習氣謂衆生心識性執重習氣分藏意意識者即藏識與事識由愛

見妄想之所熏習轉變者謂轉藏識事識爲自覺聖智境界也有云識者因樂種種跡境界故餘趣相續有云外道四種涅槃非我所說法我所說者妄想識滅名爲涅槃有云意識者境界分段計着生習氣長養藏識意俱我我所計着思惟因緣生不壞身相藏識因攀緣自心現境界計着心聚生展轉相因譬如海浪自心現境界風吹若生若滅亦如是是故意識滅七識亦滅註云境界分段者六識從六塵生也習氣長養者言六識不離七識

八識也我我所計着者言七識我執從思惟彼因
彼緣而生不壞身相藏識即第八識謂此八識因
於六識能緣還緣自心所現境界以計着故而生
六識能總諸心故云心聚生也展轉相因者八識
轉生諸識六識起善起惡七識則傳送其間海喻
八識浪喻六識以六塵爲境界風境界乃自心所
現還吹八識心海轉生諸識若生若滅亦猶依海
而有風因風而鼓浪風息則浪滅故云意識滅七
識亦滅也又偈云心縛於境界覺想智隨轉無所

有及勝平等智慧生註云現前一念爲塵境所轉

故有業縛而本有覺智亦隨妄而轉若了妄即眞

離諸有相及至佛地則復平等大慧矣第三卷有

云彼生滅者是識不生不滅者是智墮相無相及

墮有無種種相因是識超有無相是智長養相是

識非長養相是智又云無礙相是智境界種種礙

相是識三事和合生方便相是識無事方便自性

相是智得相是識不得相是智自得聖智境界不

出不入如水中月註云根塵及我和合相應而生

是識此不知自性相故若知性相則一念靈知不假緣生故云無事方便自性相是智相惟是一而有離不離之異故云得不得也又偈云心意及與識遠離思惟想得無思想法佛子非聲聞寂靜勝進忍如來清淨智生於善勝義所行悉遠離註云得無思想法則轉識爲智此是菩薩而非聲聞智之始也寂靜勝進忍即如來清淨忍智智之終也第四卷有云如來之藏是善不善因能徧興造一切趣生譬如伎兒變現諸趣離我我所不覺彼故

三緣和合方便而生外道不覺計着作者爲無始
虛僞惡習所熏名爲識藏生無明住地與七識俱
如海浪身常生不斷離無常過離於我論自性無
垢畢竟清淨常生不斷以上註云此隨染緣從細
至麤也若能一念回光能隨淨緣則離無常之過
二我之執自性清淨所謂性德如來則究顯矣有
云菩薩摩訶薩欲求勝進者當淨如來藏及識藏
名若無識藏名如來藏者則無生滅註云識藏以
名言者由迷如來藏轉成妄識無有别體故但有

名若無識藏之名則轉妄識爲如來藏也有云彼相者眼識所照名爲色耳鼻舌身意意識所照名爲聲香味觸法是名爲相妄想者施設衆名顯示諸相如此不異象馬車步男女等名是名妄想正智者彼名相不可得猶如過客諸識不生不斷不常不墮一切外道聲聞緣覺之地以此正智不立名相非不立名相離二見建立及誹謗知名相不生是名如如有云善不善者謂八識何等謂八謂如來藏名識藏心意意識及五識身非外道所說

五識身者心意意識俱善不善相展轉變壞相續流注不壞身生亦生亦滅不覺自心現次第滅餘識生形相差别攝受意識五識俱相應生刹那時不住註云不壞者不斷也攝受意識者以五根覽五塵攝歸意識起善起惡有云愚夫依七識身滅起斷見不覺識藏故起常見自妄想故不知本際自妄想慧滅故解脫註云愚夫所知極於七識七識之外無所知故因起斷見而不覺識藏無盡見其念念相續故起常見由其自妄想內而不及外

故不能知本際然妄不自滅必由慧而滅也又偈
云意識之所起識宅意所住意及眼識等斷滅說
無常或作涅槃見而爲說常住註云意由八識而
起而八識意之所住故謂之爲宅以是言之自不
容以七識身滅而起斷見彼又於意及眼識等斷
滅處說無常或作涅槃見者此皆凡外自妄想見
故不知本際如來爲是說常住也經中言識首尾
具於此矣間有牽涉他文者不暇盡錄然已不勝
其多亦無庸盡錄爲也其首之以諸識有二種生

住滅乃其所謂生死根也終之以識宅常住乃其所謂涅槃相也然而生死卽涅槃涅槃卽生死此是佛家本語初無二相故諸識雖有種種名色實無二體但迷之則爲妄悟之則爲眞苟能滅妄識而契眞識則有以超生死而證涅槃矣眞識卽本覺也涅槃卽所覺之境界也由此觀之佛氏之所謂性有出於知覺之外邪雖其言反覆多端窮其本末不過如此然驟而觀之者或恐猶有所未達也輒以藏識爲主而分爲數類以盡其義藏卽所謂如來

藏也以其含藏善惡種子故謂之藏其廣以爲善爲惡識而已矣故曰藏識藏識一爾而有本有末曰眞相曰眞識曰眞實相曰無垢流注曰藏識海曰涅槃曰平等智慧曰不生不滅等是智曰如來淸淨智曰自性無垢畢竟淸淨曰識宅曰常住此爲一類皆言乎其本體也曰流注生住滅相生住滅曰業相曰分別事識曰識浪曰樂種種跡境界曰意識曰生滅等是識曰識藏生住地無明與七識俱如海浪身常生不斷曰識藏名曰心意意識

及五識身曰意及眼識等此爲一類皆言乎其末
流也曰轉相曰現識曰轉識曰覺想智隨轉此爲
一類言乎本末之所由分也其言及脩行處又當
自爲一類如曰諸虛妄滅則一切根識滅曰見習
轉變名爲涅槃曰妄想識滅名爲涅槃曰意識滅
七識亦滅曰無所有及勝曰遠離思惟想曰離無
常過離於我論曰欲求勝進者當淨如來藏及識
藏名若無識藏名如來藏者則無生滅曰自妄想
慧滅故解脫凡此皆言其脩行之法也欲窮其說

者合此數類而詳玩之則知余所謂滅妄識而契眞識誠有以得其要領矣夫識者人心之神明耳而可認爲性乎且其以本體爲眞末流爲妄旣分本末爲兩截謂迷則眞成妄悟則妄卽眞又混眞妄爲一途蓋所見旣差故其言七顛八倒更無是處吾黨之號爲聰明特達者顧不免爲其所惑豈不深可惜哉

佛氏分本末爲兩截混眞妄爲一途害道之甚無過於此不可但如此說過須究言之夫以心識爲本

六識爲末固其名之不可易者然求其實初非心識之外別有所謂六識也又非以其本之一分而爲末之六也葢凡有所視則全體在目有所聽則全體在耳有所言則全體在口有所動則全體在身只就此四件説取簡而易見爾所謂感而遂通便是此理以此觀之本末明是一物豈可分而爲二而以其半爲眞半爲妄哉若夫眞妄之不可混則又可得而言矣夫目之視耳之聽口之言身之動物雖未交而其理已具是皆天命之自然無假於安排造作莫

此說正大切實見道之言

非眞也及乎感物而動則有當視者有不當視者有當聽者有不當聽者有當言者有不當言者有當動者有不當動者凡其所當然者卽其自然之不可違者故曰眞也所不當然者則往往出於情欲之使然故曰妄也眞者存之妄者去之以此治其身心以此達諸家國天下此吾儒所以立人極之道而内外本末無非一貫也若如佛氏之說則方其未悟之先凡視聽言動不問其當然與不當然一切皆謂之妄及其既悟又不問其當然與不

當然一切皆謂之眞吾不知何者在所當有乎何者在所當去乎當去者不去當存者必不能存人欲肆而天理滅矣使其說肆行而莫之禁中國之爲中國人類之爲人類將非幸歟

楞伽四卷並無一理字註中却多用理字訓釋其說葢本他經之文爾嘗見楞嚴有云理則頓悟乘悟併銷圓覺有云二者理障礙正知見二者事障續諸生死事理二障在楞伽但謂之惑障智障爾非逃儒歸佛者誰能易之雖其所用理字不過指知

覺而言初非吾儒所謂性命之理然言之便足以亂眞不可不辨

傳習錄有云吾心之良知卽所謂天理也又云道心者良知之謂也又云良知卽是未發之中雍語有云學問思辨篤行所以存養其知覺又有問仁者以天地萬物爲一體答曰人能存得這一點生意便是與天地萬物爲一體又問所謂生者卽活動之意否卽所謂虛靈知覺否曰然又曰性卽人之生意此皆以知覺爲性之明驗也

達磨所尊信者惟楞伽凡其切要之言余既聯比而貫通之頗爲論斷以究極其歸趣其所以異於吾儒者章章明矣自達磨而下其言之亂眞者不少欲一一與之辨明未免失於繁冗將一切置而不辨又恐吾人嘗誤持其說以爲是者其惑終莫之解也乃雜取其一二尤近似者別白而究言之

達磨告梁武帝有云淨智妙圓體自空寂只此八字已盡佛性之形容矣其後有神會者嘗著顯宗記反覆數百語說得他家道理亦自分明其中有云

湛然常寂應用無方用而常空空而常用用而不有即是眞空空而不無便成妙有妙有即摩訶般若眞空即清淨湼槃此言又足以發盡達磨妙圓空寂之旨余嘗合而觀之與繫辭傳所謂寂然不動感而遂通天下之故殆無異也然孰知其所甚異者正惟在於此乎夫易之神即人之心程子嘗言心一也有指體而言者寂然不動是也有指用而言者感而遂通是也蓋吾儒以寂感言心而佛氏以寂感爲性此其所爲甚異也良由彼不知性

爲至精之理而以所謂神者當之故其應用無方雖不失圓通之妙而高下無所準輕重無所權卒歸於冥行妄作而已矣其吾儒之道安可同年而語哉

程子嘗言仁者渾然與物同體佛家亦有心佛衆生渾然齊致之語何其相似也究而言之其相遠奚啻燕越哉唐相裴休深於禪學者也嘗序圓覺經疏首兩句云夫血氣之屬必有知凡有知者必同體此即心佛衆生渾然齊致之謂也蓋其所謂齊

同不出乎知覺而已矣且天地之間萬物之衆有有知者有無知者謂有知者爲同體則無知者非異體乎有同有異是二本也蓋以知覺爲性其窒礙必至於此若吾儒所見則凡賦形於兩間者同一陰陽之氣以成形同一陰陽之理以爲性有知無知無非出於一本故此身雖小萬物雖多其血氣之流通脉絡之聯屬元無絲毫空闕之處無須臾間斷之時此其所以爲渾然也然則所謂同體者亦豈待於採攬牽合以爲同哉夫程子之言至

言也但恐讀者看得不子細或認從知覺上去則
是援儒以助佛非吾道之幸矣
有物先天地無形本寂寥能爲萬象主不逐四時凋
此詩乃高禪所作也自吾儒觀之昭然太極之義
夫復何言然彼初未嘗知有陰陽安知有所謂太
極哉此其所以大亂眞也今先據佛家言語解釋
一番使彼意旣明且盡再以吾儒言語解釋一番
然後明指其異同之實則似是之非有不難見者
矣以佛家之言爲據則無始菩提所謂有物先天

地也湛然常寂所謂無形本寂寥也心生萬法所謂能爲萬象主也常住不滅所謂不逐四時凋也作者之意不亦明且盡乎求之吾儒之書太極生兩儀是固先天地而立矣無聲無臭則無形不足言矣富有之謂大業萬象皆一體也日新之謂盛德萬古猶一時也太極之義不亦明且盡乎詩凡二十字其十七字彼此意義無甚異同不足深辨所當辨者三字爾物也萬象也以物言之菩提不可爲太極明矣以萬象言之在彼經教中即萬法

爾以其皆生於心故謂之能主然所主者實不過陰界入自此之外仰而日月星辰俯而山河大地近而君臣父子兄弟夫婦朋友遠而飛潛動植水火金石一切視以爲幻而空之矣彼安得復有所謂萬象乎哉爲此詩者蓋嘗窺見儒書遂竊取而用之爾余於前記嘗有一說正爲此等處請復詳之所謂天地間非太極不神然遂以太極爲神則不可此言殊未敢易誠以太極之本體動亦定靜亦定神則動而能靜靜而能動者也以此分明見

得是二物不可混而爲一故繫辭傳旣曰一陰一陽之謂道矣而又曰陰陽不測之謂神由其實不同故其名不得不異不然聖人何用兩言之哉然其體則同一陰陽所以難於領會也佛氏初不識陰陽爲何物固無由知所謂道所謂神但見得此心有一點之靈求其體而不可得則以爲空寂推其用而徧於陰界入則以爲神通所謂有物者此爾以此爲性萬無是處而其言之亂眞乃有如此詩者可無辨乎然人心之神卽陰陽不測之神初

無二致但神之在陰陽者則萬古如一在人心者則與生死相爲存亡所謂理一而分殊也佛氏不足以及此矣吾黨之士盍相與精察之

南陽慧忠破南方宗旨云若以見聞知覺是佛性者淨名不應云法離見聞覺知若行見聞覺知是則見聞覺知非求法也南僧因問法華了義開佛知見此復何爲忠曰他云開佛知見尚不言菩薩二乘豈以衆生癡倒便成佛之知見耶汾州無業有云見聞覺知之性與太虛齊壽不生不滅一切境

界本自空寂無一法可得迷者不了卽爲境惑一爲境惑流轉無窮此二人皆禪林之傑出者其言皆見於傳燈錄何若是之不同邪蓋無業是本分人說本分話慧忠則所謂神出鬼沒以逞其伎倆者也彼見南方以見聞覺知爲性便對其人提出一般說話務要高他一着使之莫測蓋桀黠者之情狀每每如此嘗見金剛經明有是法平等無有高下之語佛與衆生固然迷悟不同其知見之體卽是平等豈容有二又嘗見楞嚴中有兩段語其

一佛告波斯匿王云顔貌有變見精不變變者受滅彼不變者元無生滅其二因與阿難論聲聞有云其形雖寐聞性不昏縱汝形銷命光遷謝此性云何爲汝銷滅此皆明以見聞爲性與波羅提說相合若淨名則緊要在一離字余前章論之悉矣先儒嘗言佛氏之辭善遁便是此等處傳燈錄中似此儘多究其淵源則固出於瞿曇也葢瞿曇說法常欲離四句謂一異俱不俱有無非有非無常無常然而終有不能離者如云非異非不異非有

非無非常非無常只楞伽一經纍纍見之此便是遁辭之根若將異處窮着他他便有非異一説將無常窮着他他便有非無常一説自非灼然看得他破只得聽他愚弄爾

大慧禪師宗杲者當宋南渡初爲禪林之冠有語錄三十卷頃嘗徧閱之直是會説左來右去神出鬼沒所以能聳動一世渠嘗拈出一段説話正余所欲辨者今具于左僧問忠國師古德云青青翠竹盡是法身鬱鬱黄華無非般若有人不許云云是邪

説亦有信者云不思議不知若爲國師曰此是普賢文殊境界非諸凡小而能信受皆與大乘了義經合故華嚴經云佛身充滿於法界普現一切羣生前隨緣赴感靡不周而恒處此菩提座翠竹既不出於法界豈非法身乎又般若經云色無邊故般若亦無邊黃華既不越於色豈非般若乎深遠之言不省者難爲措意又華嚴座主問大珠和尚云禪師何故不許青青翠竹盡是法身鬱鬱黃華無非般若珠曰法身無像應翠竹以成形般若無

知對黃華而顯相非彼黃華翠竹而有般若法身故經云佛眞法身猶若虛空應物現形如水中月黃華若是般若般若卽同無情翠竹若是法身翠竹還能應用座主會麽曰不了此意珠曰若見性人道是亦得道不是亦得隨用而說不滯是非若不見性人說翠竹着翠竹說黃華着黃華說法身滯法身說般若不識般若所以皆成諍論宗杲云國師主張翠竹是法身直主張到底大珠破翠竹不是法身直破到底老漢將一箇主張底一箇破

底收作一處更無拈提不敢動着他一絲毫要你學者具眼余於前記嘗舉翠竹黃華二語以謂與鳶飛魚躍之言絕相似只是不同不同欲吾人識其所以不同處葢引而未發之意今偶爲此異同之論所激有不容不盡其言者矣據慧忠分析語與大珠成形顯相二言便是古德立言本旨大珠所以不許之意但以黃華翠竹非有般若法身爾其曰道是亦得卽前成形顯相二言曰道不是亦得卽後非彼有般若法身一言也慧忠所引經語與大

珠所引經語皆合直是明白更無餘蘊然則其與吾儒鳶飛魚躍之義所以不同者果何在邪誠以鳶魚雖微其性同一天命也飛躍雖殊其道同一率性也彼所謂般若法身在華竹之身之外吾所謂天命率性在鳶魚之身之內在內則是一物在外便成二物二則二本一則一本詎可同年而語哉且天命之性不獨鳶魚有之華竹亦有之程子所謂一草一木亦皆有理不可不察者正惟有見乎此也佛氏秖緣認知覺爲性所以於華竹上便

通不去只得以爲法界中所現之物爾楞伽以四大種色爲空虛所持楞嚴以山河大地咸是妙明真心中物其義亦猶是也宗杲於兩家之說更不拈動總是占便宜却要學者具眼殊不失爲人之意余也向雖引而不發今則舍矢如破矣吾黨之士夫豈無具眼者乎

宗杲嘗謂士人鄭尚明曰你只今這聽法說法一段歷歷孤明底未生已前畢竟在甚麼處曰不知杲曰你若不知便是生大你百歲後四大五蘊一時

解散到這裏歷歷孤明底却向甚麽處去曰也不知杲曰你旣不知便是死大又嘗示呂機宜云現今歷歷孤明與人分是非别好醜底决定是有是無是眞實是虛妄前此臨濟亦嘗語其徒曰四大身不解說法聽法虛空不解說法聽法是汝目前歷歷孤明勿形段者解說法聽法觀此數節則佛氏之所謂性亦何難見之有渠道理只是如此本不湏苦求解悟然而必以悟爲則者只是要見得此歷歷孤明境界更親切爾縱使見得親切夫安

知歷歷孤明者之非性而性自有眞耶
杲答曾天游侍郎第二書説得他家道理直是明盡
渠最善捏怪却有此等説話又不失爲本分人也
書云尋常計較安排底是識情隨生死遷流底亦
是識情怕怖慞惶底亦是識情而今參學之人不
知是病只管在裏許頭出頭沒教中所謂隨識而
不隨智以故昧却本地風光本來面目若或一時
放下百不思量計較忽然失脚蹋着鼻孔即此識
情便是眞空妙智更無別智可得若別有所得有

所證則又却不是也如人迷時喚東作西及至悟時即西便是東無別有東此真空妙智與太虛空齊壽只這太虛空中還有一物礙得他否雖不受一物礙而不妨諸物於空中往來此真空妙智亦然凡聖垢染着一點不得雖着不得而不礙生死凡聖於中往來如此信得及見得徹方是箇出生入死得大自在底漢細觀此書佛氏之所謂性無餘蘊矣忽然失脚蹋着鼻孔便是頓悟之說

杲示真如道人有云今生雖未悟亦種得般若種子

在性地上世世不落惡趣生生不失人身不生邪見家不入魔軍類又答呂舍人書有云若依此做工夫雖不悟徹亦能分別邪正不爲邪魔所障亦種得般若種子深縱今生不了來生出頭現成受用亦不費力亦不被惡念奪將去臨命終時亦能轉業況一念相應邪又答湯丞相書有云若存心在上面縱今生未了亦種得種子深臨命終時亦不被惡業所牽墮諸惡趣換却殼漏子轉頭來亦昧我底不得此等說話只是誘人信嚮豈可爲憑

人情大抵多貪都不曾見箇道理貪今生受用未了又要貪來生受用安得不爲其所惑也易曰原始反終故知死生之説生死輪廻决無此理萬有一焉只是妖妄爲學而不能無疑於此則亦何以窮理爲哉

杲答呂舍人書有云心無所之老鼠入牛角便見倒斷也倒斷即是悟處心無所之是做工夫處其做工夫只看話頭便是如狗子無佛性鋸解秤鎚栢樹子竹篦子麻三斤乾屎橛之類皆所謂話頭也

余於栢樹子話偶嘗驗過是以知之然向者一悟之後併家書但過目便迎刃而解若吾聖賢之微詞奥旨竟不能通後來用工久之始知其所以然者蓋佛氏以知覺爲性所以一悟便見得箇虚空境界證道歌所謂了了見無一物亦無人亦無佛是也渠千言萬語只是説這箇境界悟者安有不省若吾儒之所謂性乃帝降之衷至精之理細入於絲毫杪忽無一非實與彼虚空境界判然不同所以决無頓悟之理世有學禪而未至者略見些二

光彩便要將兩家之説和合而爲一彌縫雖巧敗闕處不可勝言弄得來儒不儒佛不佛心勞日拙畢竟何益之有

梁武帝問達磨曰朕即位以來造寺寫經度僧不可勝紀有何功德答曰並無功德帝曰何以無功德答曰此但人天小果有漏之因如影隨形雖有非實又宗杲答曾侍郎書有云今時學道之士只求速效不知錯了也卻謂無事省緣靜坐體究爲空過時光不如看幾卷經念幾聲佛佛前多禮幾拜

懺悔平生所作罪過要免閻家老子手中鐵棒此是愚人所爲嗚呼自佛法入中國所謂造寺寫經供佛飯僧看經念佛種種糜費之事日新而月盛但其力稍可爲者靡不爭先爲之導之者固其徒向非人心之貪則其說亦無緣而入也奈何世之謟佛以求福利者其貪心惑志纏綿固結而不可解雖以吾儒正色昌言懇切詳盡一切聞如不聞彼蓋以吾儒未諳佛教所言無足信也達磨在西域稱二十八祖入中國則爲禪家初祖宗杲擅名

一代爲禪林之冠所以保護佛法者皆無所不用其心其不肯失言決矣乃至如上所云種種造作以爲無益者前後如出一口此又不足信邪且夫貪嗔癡三者乃佛氏之所深戒也謂之三毒凡世之造寺寫經供佛飯僧看經念佛以爲有益而爲之是貪也不知其無益而爲之是癡也三毒而犯其二雖活佛在世亦不能爲之解脱乃欲諂事土佛木佛以侥倖於萬一非天下之至愚至愚者乎凡吾儒解惑之言不可勝述孰意佛書中乃有此

等本分說話人心天理誠有不可得而泯滅者矣余是用表而出之更有丹霞燒木佛一事亦可以解愚夫之惑

儒書有五行佛家便言四大儒書有五事佛家則言六根其蹈襲邪抑偶同邪是不可得而知也然名物雖相似其義理則相遼絕矣四大有風而無金木楞嚴又從而附益之揣摩湊合都無義理只被他粧點得好故足以惑人朱子嘗言佛書中惟楞嚴最巧頗疑房融竄入其說看來此事灼然無足

疑者且如楞伽四卷達磨最所尊信其言大抵質實而近乎拙有若欲盡其意而未能者佛一人爾人一口爾以二經較之不應其言之工拙頓異如此此本無足深辨但既攻其失則亦不可不知又以見佛學溺人之深有如是之才而甘心爲之役殊可嘆也

昔有儒生悟禪者嘗作一頌云斷除煩惱重增病趣向眞如亦是邪隨順世緣無罣礙涅槃生死是空華宗杲取之嘗見杲示人有水上葫蘆一言凡屢

出此頌第三句卽水上葫蘆之謂也佛家道理眞是如此此論語有云君子之於天下也無適也無莫也義之與比使吾夫子當時若欠却義之與比一語則所謂無適無莫者何以異於水上葫蘆也哉

韓子之闢佛老有云其亦幸而出於三代之後不見黜於禹湯文武周公孔子也其亦不幸而不出於三代之前不見正於禹湯文武周公孔子也善哉言乎自今觀之其幸也未若其不幸之甚景德傳燈錄所載舊云千七百人其瑣瑣者姑未論若夫

戒行之淸苦建立之精勤論辨之通明語句之超邁記覽之該博亦何下百十人此其人亦皆有過人之才要爲難得向使獲及吾聖人之門而取正焉所成就當何如也而皆畢竟落空以死嗚呼玆非其不幸之甚而何

吾儒之闢佛氏有三有眞知其說之非而痛闢之者兩程子張子朱子是也有未能深知其說而常喜闢之者篤信程張數子者也有陰實尊用其說而陽闢之者蓋用禪家訶佛罵祖之機者也夫佛氏

似是之非固爲難辨至於訶佛罵祖之機作則其辨之也愈難吁可畏哉

程子之闢佛氏有云自謂之窮神知化而不足以開物成務言爲無不周徧實則外於倫理窮深極微而不可與入堯舜之道即其所言所造而明指其罪過誅絕之意凜然辭氣之表矣夫既不足以開物成務則不得謂之神化倫理且棄而不顧尚何周徧之有堯舜之道既不可入又何有於深微蓋神化周徧深微之云皆彼之所自謂非吾聖人所

謂神化周徧深微者也韓子云道其所道非吾所謂道也德其所德非吾所謂德也此之謂也他日程子又嘗有言佛氏不識陰陽晝夜死生古今安得謂形而上者與聖人同乎夫陰陽晝夜死生古今易之體也深微者易之理神化者易之用也聖人全體皆易故能範圍天地之化而不過曲成萬物而不遺佛氏昧焉一切寘行妄作至於滅絕彝倫而不知悔此其所以獲罪於天有不可得而贖者吾儒之誅絕之亦惟順天而已豈容一毫私意

於其間哉

程子曰佛有箇覺之理可以敬以直内矣然無義以方外其直内者要之其本亦不是此言雖簡而意極圓備其本不是正斥其認知覺以爲性爾故非但無以方外内亦未嘗直也當詳味可以二字非許其能直内之辭

程子嘗言聖人本天釋氏本心直是見得透斷得明也本旣不同所以其說雖有相似處畢竟和合不得呂原明一生問學欲直造聖人且嘗從二程遊

亦稔聞其議論矣及其晚年乃見得佛之道與吾聖人合反謂二程所見太近得非誤以妙圓空寂爲形而上者邪以此希聖無異適燕而南其轅茂由至矣

張子曰釋氏不知天命而以心法起滅天地以小緣大以末緣本其不能窮而謂之幻妄直所謂疑冰者歟此言與程子本心之見相合又推倒釋氏窮處非深知其學之本末安能及此

程張闢佛氏之言見於遺書及正蒙者多矣今但舉

其尤切要者著於篇以明吾說之有所據甚他皆吾人之所通習無庸盡述也

朱子闢佛氏之言比之二程子張子尤爲不少今亦無庸盡述錄其尤著明者一章凡今之謗朱子者無他恐只是此等處不合說得太分曉未免有所妨礙爾朱子嘗語學者云佛家都從頭不識只是認知覺運動做性所以支離得許多聰明豪傑之士緣他是高於世俗世俗一副當汚濁底事他是無了所以人競趨他之學或曰彼以知覺運動爲

形而下者空寂爲形而上者如何曰便只是形而下者他只是將知覺運動做玄妙說或曰如此則安能動人必更有玄妙處曰便只是這箇他那妙處離這知覺運動不得無這箇便說不行只是被他作弄得來精所以橫渠有釋氏兩末之論只說得兩邊末稍頭中間眞實道理却不曾識如知覺運動是其上一稍也因果報應是其下一稍也或曰因果報應他那邊有見識者亦自不信曰雖有不信底依舊離這箇不得如他幾箇高禪縱說高

慾也依舊掉舍這箇不下將去愚人他那箇物事没理會捉摸他不得你道他如此說又說不如此你道他是知覺運動他又有時掉翻了都不說時雖是掉翻依舊離這箇不得或曰今也不消學他那一層只認依着自家底做便了曰固是豈可學他只是依自家底做少間自見得他底低觀此一章則知愚前所謂洞見其肺腑而深中其膏肓之病誠有據矣

朱子語類有云道謙言大藏經中言禪子病脾時只

坐禪六七日減食便安謙言渠曾病坐得三四日便無事李延平所稱謙開善者必此人也謂朱子嘗從渠用工夫來於此可見然朱子後來盡棄前習以歸于正非全具知仁勇三德不能其爲百世師也殆無愧矣

今之道家葢源於古之巫祝與老子殊不相干老子誠亦異端然其爲道主於深根固蔕長生久視而已道德五千言具在於凡祈禳禜禱經呪符籙等事初未有一言及之而道家立教乃推尊老子置

之三清之列以爲其教之所從出不亦妄乎古者用巫祝以事神建其官正其名辨其物蓋誠有以通乎幽明之故故專其職掌俾常一其心志以導迎二氣之和其義精矣去古旣遠精義浸失而滛邪妖誕之說起所謂經呪符籙大抵皆秦漢間方士所爲其泯滅而不傳者計亦多矣而終莫之能絕也今之所傳分明遠祖張道陵近宗林靈素輩雖其爲用不出乎祈禳禜禱然旣已失其精義則所以交神明者率非其道徒滋益人心之惑而重

為世道之害爾望其消災而致福不亦遠乎益老子之善成其私固聖門所不取道陵輩之譸張為幻又老子之所不屑為也欲攻老氏者須分為二端而各明辨其失則吾之說為有據而彼雖桀黠亦無所措其辭矣

老子外仁義禮而言道德徒言道德而不及性與聖門絕不相似自不足以亂真所謂彌近理而大亂真惟佛氏爾

列子莊子出入老佛之間其時佛法未入中國也而

其言之相合者巳自不少易大傳曰仁者見之謂之仁知者見之謂之知是安有華夷之别古今之異邪理固然矣聖人所見無非極致則雖或生於千百世之上或生於千百世之下或相去千萬里之遠其道安有不同故凡謂佛爲聖人者皆非眞知聖道者也

黃老於漢佛於晉魏梁隋之間韓子之言是也然佛學在唐尤盛在宋亦盛夷狄之禍所以相尋不絕何足怪哉程朱數君子相繼而出相與推明孔孟

之正學以救當世之淪胥者亦既諄諄懇懇而世莫之能用也直至我
朝其說方盛行於天下孔孟之道於是復明雖學者之所得不必皆深所行不必皆力然譬諸梓匠輪輿必以規矩巧或不足終不失爲方圓亦足以成器而適用矣近來異說紛起直欲超然於規矩準繩之外方圓平直惟其意之所裁觚哉觚哉此言殊可念也有世道之責者不遠爲之慮可乎

朱子嘗言伊川性即理也一語便是千萬世說性之

根基愚初發憤時常將此語體認認來認去有處通有處不通如此累年竟不能歸一却疑伊川此語有所未盡朱子亦恐説得太過難爲必信也遂姑置之乃將理氣二字參互體認認來認去一般有處通有處不通如此又累年亦竟不能歸一心中甚不快以謂識見有限終恐無能上達也意欲已之忽記起雖愚必明之言又不能已乃復從事於伊川之語反覆不置一旦於理一分殊四字有箇悟處反而驗之身心推而驗之人人又驗之陰

陽五行又驗之鳥獸草木頭頭皆合於是始渙然自信而知二君子之言斷乎不我欺也愚言及此非以自多蓋嘗屢見吾黨所著書有以性即理爲不然者只爲理字難明往往爲氣字之所妨礙纔見得不合便以先儒言說爲不足信殊不知工夫到後雖欲添一箇字自是添不得也

理無往而不定不定即非所以爲理然學者窮理須是看得活不可滯泥先儒多以善觀爲言即此意也若看得活時此理便活潑潑地常在面前雖然

如此要添一毫亦不得減一毫亦不得要撞高一分亦不得放下一分亦不得以此見理而無往不定也然見處固是如此向使存養之功未至則此理終非已有亦無緣得他受用故曰知及之仁不能守之雖得之必失之

窮理譬則觀山山體自定觀者移步其形便不同故自四方觀之便是四般面目自四隅觀之又各是一般面目雖種種各别其實只是此一山山之本體則理一之譬也種種面目則分殊之譬也

在人所觀之處便是日用間應接之實地也
理只是氣之理當於氣之轉折處觀之往而來來而往便是轉折處也夫往而不能不來來而不能不往有莫知其所以然而然若有一物主宰乎其間而使之然者此理之所以名也易有太極此之謂也若於轉折處看得分明自然頭頭皆合程子嘗言天地間只有一箇感應而已更有甚事夫往者感則來者應來者感則往者應一感一應循環無已理無往而不存焉在天在人一也天道惟是至

公故感應有常而不忒人情不能無私欲之累故感應易忒而靡常夫感應者氣也如是而感則如是而應有不容以毫髮差者理也適當其可則吉反而去之則凶或過焉或不及焉則悔且吝故理無往而不定也然此多是就感通處說須知此心雖寂然不動其冲和之氣自爲感應者未始有一息之停故所謂亭亭當當直上直下之正理自不容有須臾之間此則天之所命而人物之所以爲性者也愚故嘗曰理須就氣上認取然認氣爲理

便不是此言殆不可易哉
余自入官後嘗見近時十數種書於宋諸大儒言論
有明詆者有暗詆者直是可怪既而思之亦可憐
也坐井觀天而曰天小不自知其身在井中爾然
或往告之曰天非小也子盍往井外觀之彼方溺
於坐井之安堅不肯出亦將如之何哉嗚呼斯固
終歸於愚而已矣
諸大儒言語文字豈無小小出入處只是大本大原
上見得端的故能有以發明孔孟之微旨使後學

知所用力之方不爲異説之所迷惑所以不免小有出入者蓋義理真是無窮其間細微曲折如何一時便見得盡後儒果有所見自當信得及於其小小出入處不妨爲之申明亦先儒以俟後之君子之本意也

心有所忿懥則不得其正有所恐懼則不得其正有所好樂則不得其正有所憂患則不得其正每嘗玩味此章所謂不得其正者似只指心體而言章句以爲用之所行不能不失其正乃第二節事似

於心體上欠却數語葢心不在焉以下方是說應用之失視聽飲食一切當面蹉過則喜怒憂懼之發鮮能中節也可知故欲脩其身者必先正其心其義明矣又詳有所二字只是說人情偏處葢人之常情有多喜者有多怒者有多懼者有多憂者但一處偏重便常有此一物横在胷中未免礙却正當道理此存養省察之功所以不可須臾忽也大抵大學正心工夫與中庸致中無異中庸章句所謂至靜之中無少偏倚便是心得其正之狀也

蔡介夫嘗述王端毅公語謂經筵進講此章每句貼一先字以爲未嘗看來情既有偏則或先或後皆能爲病但不可指殺一處說爾公所著有石渠意見一編與朱子頗有未合處舊嘗一見之惜未及詳讀也

近時格物之說亦未必故欲求異於先儒也秪緣誤認知覺爲性纔干涉事物便說不行旣以道學名置格物而不講又不可而致知二字略與其所見相似難得來做箇題目所以別造一般說話要將

物字牽拽向裏來然而畢竟牽拽不得分定故也
向裏旣不得向外又不通明是兩無歸着盍於此
反而思之苟能姑舍其所已見者虛心一意懇求
其所未見者性與天道未必終不可見何若費盡
許多氣力左籠右罩以重爲誠意正心之謂哉
論語首篇首以學爲言然未嘗明言所學者何事蓋
當時門弟子皆已知所從事不待言也但要加時
習之功爾自今觀之子以四教文行忠信夫子之
所以教非學者之所學乎是知學文修行皆要時

時習之而忠信其本尤不可須臾失焉者也註所謂效先覺之所爲亦不出四者之外若如陸象山之說只一箇求放心便了然則聖門之學與釋氏又何異乎

中庸首言戒懼慎獨卽大學正心誠意工夫似少格物致知之意何也蓋篇首卽分明指出道體正欲學者於言下領會雖不言知而知在其中矣末章復就下學立心之始說起却少知字不得所以說知遠之近知風之自知微之顯曰近曰自曰微皆

言乎其本體也性也曰遠曰風曰顯皆言乎其發用也道也知此則有以見夫内外本末初無二理戒懼愼獨方有着力處故曰可與入德矣大學所謂知至而后意誠心正其致一也

孟子曰孩提之童無不知愛其親也及其長也無不知敬其兄也以此實良知良能之説其義甚明葢知能乃人心之妙用愛敬乃人心之天理也以其不待思慮而自知此故謂之[illegible]存有以良知爲天理者然則愛敬果何物乎程子嘗釋知覺二字

之義云知是知此事覺是覺此理又言佛氏之云
覺甚底是覺斯道甚底是覺斯民正斥其認知覺
爲性之謬爾夫以二子之言明白精切如此而近
時異說之興聽者曾莫之能辨則亦何以講學爲
哉

性之理一而已矣名其德則有四焉以其渾然無間
也名之曰仁以其粲然有條也名之曰禮以其截
然有止也名之曰義以其判然有别也名之曰智
凡其粲然截然判然者皆不出於渾然之中此仁

之所以包四德而爲性之全體也截然者卽其燦然之不可移者也判然者卽其截然之不可亂者也名雖有四其實一也然其所以如是之渾然燦然截然判然莫非自然而然不假纖毫安排布置之力此其所以爲性命之理也

上天之載無聲無臭又安有形體可覓邪然自知道者觀之卽事卽物此理便昭昭然在心目之間非自外來非由内出自然一定而不可易所謂如有所立卓爾非想像之辭也佛氏以寂滅爲極致與

聖門卓爾之見絕不相同彼曠而虛此約而實也果然見到卓爾處異說如何動得

以覺言仁固非以覺言智亦非也蓋仁智皆吾心之定理而覺乃其妙用如以妙用爲定理則大傳所謂一陰一陽之謂道陰陽不測之謂神果何別邪

朱子嘗言神亦形而下者又云神乃氣之精英須曾實下工夫體究來方信此言確乎其不可易不然則誤以神爲形而上者有之矣黃直卿嘗疑中庸論鬼神有誠之不可揜一語則是形而上者朱子

答以只是實理處發見其義愈明

先天圖最宜潛玩性命之理直是分明分陰分陽太極之體以立一陰一陽太極之用以行若玩得熟時便見得一本之散為萬殊萬殊之原於一本無非自然之妙有不知手之舞之足之蹈之者矣

聖賢千言萬語無非發明此理有志於學者必須熟讀精思將一箇身心入在聖賢言語中翻來覆去體認窮究方尋得道理出從上諸儒先君子皆是如此用工其所得之淺深則由其資禀有高下爾

自陸象山有六經皆我註脚之言流及近世士之好高欲速者將聖賢經書都作没緊要看了以爲道理但當求之於心書可不必讀讀亦不必記亦不必苦苦求解看來若非要作應舉用相將坐禪入定去無復以讀書爲矣一言而貽後學無窮之禍象山其罪首哉

宰我子貢善爲説辭冉牛閔子顔淵善言德行孔子兼之看來説得道理分明自是難事見之不眞者不待論亦有心下了了而發脱不出者却是口才

短也此則須要涵養涵養得熟終久說出來亦無病痛若本無實見而揣摩想像以爲言言語雖工文字雖妙其病痛必不能免

邵子觀物外篇有云氣一而已主之者乾也朱子易本義所謂天地間本一氣之流行而有動靜爾以其流行之統體而言則但謂之乾而無所不包與邵說合又云神亦一而已乘氣而變化能出入于有無生死之間無方而不測者也如此則神别是一物與朱子所謂氣之精英不合異同之際學者

不可不致思也

邵子有神無方而性有質一言亦見得好但質字未善欲作定字亦未知如何大抵理最難言得失只在一兩字上故易文言有修辭之訓只要説得端的便是立其誠也

先儒言情是性之動意是心之發發動二字亦不相遠却説得情意二字分明蓋情是不待主張而自然發動者意是主張如此發動者不待主張者須是與他做主張方能中節由此心主張而發者便

有公私義利兩途須要詳審二者皆是慎獨工夫
主佩倚則臣佩垂主佩垂則臣佩委凡爲長者糞之
禮必加帚於箕上以袂拘而退其塵不及長者以
箕自向而扱之並坐不横肱授立不跪授坐不立
上於東階則先右足上於西階則先左足此等皆
是粗迹感應之理便在其中只要人識得故程子
曰灑掃應對便是形而上者理無大小故也若於
事物上無所見談玄說妙有何交涉
莫之爲而爲莫之致而至便是天理程子此言最盡

最好尋思若讀書不精此等切至之言都當面蹉過矣

天地人物止是一理然而語天道則曰陰陽語地道則曰剛柔語人道則曰仁義何也蓋其分既殊其爲道也自不容於無别然則鳥獸草木之爲物亦云庶矣欲名其道夫豈可以一言盡乎大抵性以命同道以形異必明乎異同之際斯可以盡天地人物之理

洪範之五行在大禹謨則謂之六府皆以其質言之

人之所賴以生者也蓋五行之質惟人有以兼而用之其他有知之物或用其二或用其三更無能用火金者此人之所以靈於萬物也歟若夫創制之始裁成之妙聖人之功誠所謂萬世永賴者矣

一動一靜之間天地人之至妙至妙者本邵子第一親切之言其子伯溫解註却說得胡塗了

李習之雖嘗闢佛然陷於其說而不自知復性書有云情者妄也邪也曰邪與妄則無所因矣妄情滅息本性清明周流六虛所以謂之能復其性也觀

乎此言何以異於佛氏其亦嘗從禪師問道得非有取其微言而姑闢其粗迹以無失爲聖人之徒邪且其書二篇皆及死生之説尤可見其意之所主

陸象山與詹子南書有云日享事實之樂即語錄中所謂此理已顯者也其與晦翁辨無極書所謂言論未詳事實先著余嘗意其指識此心爲事實今始驗得分明

包顯道所錄象山語有云仰首攀南斗翻身倚北辰

舉頭天外望無我這般人按傳燈錄智通禪師臨終有偈云舉手攀南斗迴身倚北辰出頭天外見誰是我般人不知象山之言其偶同邪抑眞有取於智通之說也

元之大儒稱許魯齋吳草廬二人魯齋始終尊信朱子其學行皆平正篤實遭逢世祖致位通顯雖未得盡行其志然當其時而儒者之道不廢虞伯生謂魯齋實啓之可謂有功於斯文矣草廬初年篤信朱子其進甚銳晚年所見乃與陸象山合其出

處一節自難例之魯齋若夫一生惓惓爲羽翼聖
經終老不惓其志亦可尚矣
劉靜修天分甚高學博才雄議論英發當時推重殆
與許魯齋吳草廬等然以愚觀之謂之有志於聖
人之道則可謂其有得乎聖人之道恐未然也姑
舉所疑之一二以俟知言者斷焉退齋記有云凡
事物之有夫道之體者皆灑然而無所累變通不
可窮也即如其言則是所謂道體者當别爲一物
而立乎事物之外而所謂事物者不容不與道體

爲二者有肯焉亦必有弗肯者矣夫器外無道道外無器所謂器亦道道亦器是也而顧可二之乎又教學一篇似乎枝葉盛於根本其欲令學者先六經而後語孟與程朱之訓既不相合又令以詩書禮爲學之體春秋爲學之用一貫本末具舉天下之理理窮而性盡矣窮理盡性以至於命而後學夫易此言殊爲可疑夫易之爲書所以教人窮理盡性以至於命也苟能窮理盡性以至於命則學易之能事畢矣而又何學焉性命之理他經固

無不具然未有專言之如易之明且盡者易苟未明他經雖有所得其於盡性至命竊恐未易言也而靜修言之乃爾其易語曰爲之難言之得無訒乎苟嘗實用其工不應若是之易其言也得非所取者博而勇於自信之過歟又嘗評宋諸儒謂邵至大周至精程至正朱極其大盡其精而貫之以正初聞其言殊若可喜徐而繹之未爲當也孰有精而不正正而不大者乎若夫出處之際議者或以其不仕爲高亦未爲知靜修者嘗觀其渡江一

賦其心惟知有元而已所以爲元計者如是其悉不仕果何義乎其不赴集賢之召實以病阻蓋踰年而遂卒矣使其尚在固將相時而動以行其所求之志必不肯自安於隱逸之流也然則靜修之所爲可重者豈非以其有志於聖人之道乎哉

劉靜修之譏許魯齋頗傷於刻苟能無失其正雖進退無恒未爲過也竊謂魯齋似曾子靜修似子路其氣象既別所見容有不同

不仕固無義然事之可否身之去就莫不有義存焉

先儒之論可謂明且盡矣矧求之聖門具有成法爲其學者或乃忽焉而不顧將別有所見耶

凡事皆有漸其漸方萌是即所謂幾也易曰知幾其神乎難其人矣

邵國賢簡端錄近始見之於文義多所發明性命之理視近時道學諸君子較有說得親切處春秋論斷其辭尤確獨未知盡合聖人之意否也然其博而不雜如此可敬也夫

因時制宜一語最好即所謂義之與比也動皆合義

則天理周流而無間而仁亦在是矣是故君子之
用不偏於剛不偏於柔惟其時而已矣
時宜用剛而剛時宜用柔而柔只是大體如此須知
剛之用不可無柔柔之用不可無剛無柔以濟其
剛或足以致悔無剛以制其柔或足以取吝
陽動陰靜其大分固然然自其流行處觀之靜亦動
也自其主宰處觀之動亦靜也此可爲知者道爾
規模寬大條理精詳最爲難得爲學如此爲政亦如
此斯可謂眞儒矣

所謂無意者無私意爾自日用應酬之常以至彌綸叅贊之大凡其設施運用斟酌裁制莫非意也云胡可無惟一切循其理之當然而已無預焉斯則所謂無意也已

凡經書文義有解說不通處只宜闕之蓋年代悠邈編簡錯亂字畫差訛勢不能免必欲多方牽補強解求通則鑿矣自昔聰明博辨之士多喜做此等工夫似乎枉費心力若眞欲求道斷不在此

忠信二字吾夫子屢以爲言此實人道之本也常人

無此猶不可以自立於鄉黨況君子之學期於成已成物者乎若於忠信有所不足則終身之所成就從可知矣

成已成物便是感應之理理惟一爾得其理則物我俱成故曰合內外之道也

子曰君子喻於義小人喻於利又曰君子上達小人下達喻於義斯上達矣喻於利斯下達矣上達則進於聖賢下達則其違禽獸也不遠矣有人於此或以禽獸斥之未有能甘心受之者至於義利之

際乃或不知所擇果何說耶

富貴貧賤死生壽夭之命與性命之命只是一箇命皆定理也明乎理之一則有以知夫命之一矣誠知夫命之一則脩身以俟之一語豈不簡而易守乎

程子論大學則曰學者必由是而學焉則庶乎其不差矣論語孟則曰人只看得此二書切已終身儘多也論中庸則曰善學者玩索而有得焉則終身用之有不能盡者矣爲人之意何其惓惓若是哉

愚於此四書童而習之今皓首矣差則幸而免至求其切己受用處殊覺空疎庸書以識吾愧且以申告吾徒之讀四書者

往年嘗述愚見爲困知記兩卷葢欲以告初學之士使不迷其所向焉爾惟理至難明而愚言且拙意有未盡乃復筆爲是編雖詞若稍繁或頗傷直區區之意誠亦有不得已者世有君子必能亮之續刻完因贅此於末簡

嘉靖辛卯夏六月丙辰整菴書識

寫

困知記

2

明 羅欽順 著

明萬曆刊本

第二册

卷之四……一
困知記附錄卷之五……九五
卷之六……一七七
困知記續補卷之七……二五三
困知記外編卷之八……三一五
困知记後序……三四七
鍍困知记後語……三五五

困知記續卷之四

明　泰和羅欽順允升父著

同邑後學　歐陽照文白父
　　　　　楊嘉祚邦隆父　仝校

眞州後學陳夢暘爾旭父編次

嗣孫　珽仕矦篟父
　　　琁仕稺白父　重梓

凡三十三章

癸巳春偶得慈湖遺書閱之累日有不勝其慨嘆者

痛哉禪學之誤人也一至此乎慈湖頓悟之機實自陸象山發之其自言忽省此心之清明忽省此心之無始末忽省此心之無所不通即釋迦所謂自覺聖智境界也書中千言萬語徹頭徹尾無非此個見解而意氣之橫逸辭説之猖狂比之象山尤甚象山平日據其偏見橫説豎起直是果敢然于聖賢明訓有所未合猶且支吾籠罩過未敢公然判之慈湖上自五經旁及諸子皆有論説但與其所見合者則以為是與其所見不合者雖明出

於孔子輒以爲非孔子之言而大學一書工夫節次其詳如此頓悟之說更無隙可投故其詆之尤力至凡孔子之微言大訓又往往肆其邪說以亂之剗實爲虛揉直作曲多方牽合一例安排惟其偏見是就務令學者改視易聽貪新忘舊日漸月漬以深入乎其心其敢於侮聖言叛聖經疑悟後學如此不謂之聖門之罪人不可也世之君子曾未聞有能鳴鼓而攻之者反從而爲之役果何見哉

人心道心之辨只在毫釐之間道心此心也人心亦此心也一心而二名非聖人強分別也體之靜正有常而用之變化不測也須兩下見得分明方是盡心之學佛氏之於吾儒所以似是而實非者有見於人心無見於道心耳慈湖之志於道不爲不篤然終蔽於所見直以虛靈知覺爲道心夫安得不謬乎集中己易一篇乃其最所用意以誘進學徒者衮衮數千言將斷而復續左援右引陽開陰闔極其馳騁之力泛泛乎若無涯涘可窺然徐究

其指歸不出乎虛靈知覺而已於四聖之易絕不
相干參之佛氏之書則眞如符節之合試舉一二
以槩其餘其曰吾性澄然清明而非物吾性洞然
無際而非量天者吾性中之象地者吾性中之形
故曰在天成象在地成形皆我之所爲楞嚴經所
謂山河大地咸是妙明眞心中物卽其義也其曰
目能視所以能視者何物耳能聽所以能聽者何
物口能噬所以能噬者何物鼻能嗅所以能嗅者
何物手能運用屈伸所以能運用屈伸者何物足

能步趨所以能步趨者何物血氣能周流所以能周流者何物心能思慮所以能思慮者何物波羅提作用是性一偈即其義也其曰天地非大也毫髮非小也晝非明也夜非晦也往非古也此非今也它日非後也鳶飛戾天非鳶也魚躍于淵非魚也金剛經所謂如來說世界即非世界是名世界說三十二相即是非相是名三十二相即其義也凡篇中曰已曰吾曰我義與惟我獨尊無異其為禪學也固昭昭矣認紫為朱明是大錯乃敢放言

無忌謂自生民以來未有能識吾之全者吾不知所謂吾者果何物耶夫堯舜禹湯文武周公孔子皆天下之大聖其遞相傳授無非精一執中之旨而所謂中者決非靈覺之謂非惟人人有之乃至事事有之物物有之慈湖顧獨未之識耳誠有以窺見其全已易其敢作乎閱斯集者但看得此篇破時譬之破竹餘皆迎刃而解矣

吾聖賢之言與佛氏之言殊不相入謂儒佛無二道決非知道者也慈湖所引經傳如範圍天地發育

萬物等語皆非聖賢本旨第假之以成就其說切
恐將來疑誤後學不淺故不得不明辨之程子嘗
言聖人本天佛氏本心此乃灼然之見萬世不易
之論儒佛異同實判於此是故天敘有典吾則從
而惇之天秩有禮吾則從而庸之天命有德則從
而章之天討有罪則從而刑之克綏厥猷本於上
帝之降衷脩道之教本於天命之在我所謂聖人
本天者如此其深切著明也以慈湖之聰明宜若
有見乎此何忍於叛堯舜湯孔而以心法起滅天

地又任情牽合必欲混儒佛於一途邪蓋其言有云其心通者洞見天地人物皆在吾性量之中而天地萬物之變化皆吾性之變化又云意消則本清本明神用變化之妙固自若也無體無際範圍天地發育萬物之妙固自若也此等言語不謂之以心法起滅天地謂之何哉人之常情大抵悅新奇而慕高遠故邪說得以乘間而入學者於此苟能虛心遜志無所偏主而執吾說以審其是非之賾將不爲其所惑矣

愚嘗謂人心之體即天之體本來一物但其主於我者謂之心非臆說也乃實見也若謂其心通者洞見天地人物皆在吾性量之中而此心可以範圍天地則是心大而天地小矣是以天地爲有限量矣本欲其一反成二物謂之知道可乎易有太極是生兩儀乃純體之太極乾道變化各正性命則物物各具一太極矣其所以爲太極則一而分則殊惟其分殊故其用亦别若謂天地人物之變化皆吾心之變化而以發育萬物歸之吾心是不知

有分之殊矣既不知分之殊又惡可語夫理之一哉蓋發育萬物自是造化之功用人何與焉雖非人所能與其理卽吾心之理故中庸贊大哉聖人之道而首以是爲言明天人之無二也此豈蔽於異說者之所能識邪況天地之變化萬古自如人心之變化與生俱生則亦與生俱盡謂其常住不滅無是理也慈湖誤矣藐然數尺之軀乃欲私造化以爲己物何其不知量哉文言曰夫大人者與天地合其德與日月合其明與四時合其序與鬼

神合其吉凶先天而天弗違後天而奉天時此言便是的確

有心必有意心之官則思是皆出於天命之自然非人之所爲也聖人所謂無意無私意耳所謂何思何慮以曉夫憧憧往來者耳書曰思曰睿睿作聖非思則作聖何由易曰聖人立象以盡意意若可無其又何盡之有故大學之教不曰無意惟曰誠意中庸之訓不曰無思惟曰慎思此吾儒入道之門積德之基窮理盡性必由於此斷斷乎其不可

易者安得舉異端之邪説以亂之哉彼禪學者惟以頓悟爲主必欲掃除意見屏絶思慮將四方八面路頭一齊塞住使其心更無一線可通牢關固閉以冀其一旦忽然而有省終其所見不過靈覺之光景而已性命之理實未嘗有見也安得舉此以亂吾儒窮理盡性之學哉學術不明爲害非細言之不覺縷縷不識吾黨之士以爲何如如欲學爲佛邪慈湖之書宜不忍廢必欲學爲聖人則固有五經四書及濂洛關閩之説在彼譸張爲幻者

又何足以溷吾之耳目哉

心之精神是謂聖此言出於孔叢子初若可疑及考其全文首尾亦頗明白聖字自不須看得重而其意義亦非此句所能盡也慈湖獨摘此一句處處將來作弄豈有他哉葢此句實與佛家即心是佛之言相似其倍處正在此故欣然取以為證使人無得而議焉更不暇顧其上下文義何如也請究言之子思問於孔子曰物有形類事有真偽必審之奚由子曰由乎心心之精神是謂聖推數究理

不以物疑周其所察聖人病諸切詳問意葢以物
理事情皆所當審而欲知所以審之之由夫子遂
以由乎心答之而申言心之妙用如此葢聖者通
明之謂人心之神無所不通謂之聖亦可也惟其
無所不通故能推見事物之數究知事物之理物
理旣得夫復何疑若於形迹之粗必欲一一致察
則雖聖人亦有未易能矣玩其辭詳其義可見能
通之妙乃此心之神而所通之理是乃所謂道也
若認精神以爲道則錯矣易大傳曰一陰一陽之

謂道又曰陰陽不測之謂神道爲實體神爲妙用雖非判然二物而實不容於相混聖人所以兩言之也道之在人則道心是也神之在人則人心是也若此處錯認焉往而不錯乎或疑所通之理爲道則道乃在乎事物而不在吾心殊不知事物之理與吾心之理一而已矣不然何謂一以貫之何謂合内外之道

因閱慈湖遺書有感偶賦小詩三章斜風細雨釀輕寒掩卷長吁百慮攢不是皇天分付定中華那復

有衣冠裝成戲劇逐番新任逼眞時總不眞何事
貪看忘晝夜只緣聲色解迷人鏡中萬象原非實
心上些兒却是眞須就這些明一貫莫將形影弄
精神書曰道心惟微程子曰心道之所在微道之
體也解得極明些兒二字乃俗語邵康節詩中嘗
用之意與微字相類天人物我所以通貫爲一只
是此理而已如一線之貫萬珠提起便都在掌握
故盡己之性便能盡人物之性可以贊化育而參
天地慈湖謂其心通者洞見天地人物皆在吾性

量之中是將形影弄精神也殊不知鏡中之象與鏡原不相屬提不起按不下收不能放不開安得謂之一貫耶

慈湖所引論語知及之以合佛氏之所謂慧也仁能守之以合佛氏之所謂定也定慧不二謂之圓明慈湖蓋以此自處其門人頗有覺者則處之日月至焉之列乃慧而不足於定者也觀慈湖自處之意豈但與三月不違仁者比肩而已哉大哉一歌無狀尤甚凡為禪學者之不孫每每類此

慈湖紀先訓內一條云近世有以小道與其門人講習學者宗仰語錄流行人服其篤行遂信其說其說固多矣而害道者亦多遺患頗深其所指乃伊川程先生也何以知之葢慈湖嘗與學者講聖人有所不知不能之說因議及伊川又回護數語云程之篤行亦豈易及不可不敬也但講學不得不辨明耳家庭議論如出一口決非偶然之故得無以其所覺者爲極致遂敢於自大邪夫以大舜之聖爲法於天下可傳於後世者無他惟是明於庶

物察於人倫而已凡伊川與其門人之所講習無非人倫庶物之理千萬世之所通行者也安有千萬世之所通行者而可目之爲小道哉若謂大道混成不容分析則伏羲旣畫八卦又重爲六十四卦文王繫卦周公繫爻孔子作十翼又出許多文字何其不憚煩也安知千條萬緒無非太極之實體苟能灼見其精微之妙雖毫分縷析自不害其爲一伊川所作易傳蓋深得四聖之心者也顧可以小道目之耶必如其言則是大道不在伏羲舜

文周公孔子而黃面瞿曇雲獨得之矣害斯道者非
若人而誰
千聖相傳只是一理堯舜禹湯所執之中孔子所不
踰之矩顏子之所謂卓爾子思之所謂上下察孟
子之所謂躍如皆是物也上聖大賢惟其見之眞
是以執之固而行之盡其次則博文約禮吾夫子
有明訓矣蓋通天地人物其理本一而其分則殊
必有以察乎其分之殊然後理之一者可見既有
見矣必從而固守之然後應酬之際無或差謬此

博約所以爲吾儒之實學也禪家所見只是一片虛空曠蕩境界凡此理之在吾心與其在事理者竟不能識其至精至微之狀爲何如而顧以理爲障故朱子謂禪家最怕人說這理字誠切中其病矣慈湖訓語有云近世學者沉溺乎義理之意說胷中常存一理不能忘捨捨是則豁然無所憑依故必置理字於其中不知聖人胷中劄無如許意度其怕這理字也不亦甚乎聖人胷中固自清明瑩澈然於中則曰允執於矩則曰不踰豈是漠然

蕩無主宰，而凡視聽言動、喜怒哀樂，一切任其自作自止，眞如水泡之自生自滅乎哉？必不然矣。且吾儒若除箇理字不講，更講何事？若見得此理眞切，自然通透灑落，又何有於安排布置之勞？爲此言者，適以自狀其不知理焉爾。

慈湖遺書不知何人所編，初止十八卷，有目錄可考。皆自諸稿中選出。續集二卷，又不知出自何人。自十八卷觀之，類皆出入經傳，不雜以佛氏一語，有以知編者之慮至深。吾雖目爲禪學，人或未必盡悟及覩至續集則辭證具備亦其勢終有不可得而隱者如炳講師求訓蓂馮氏妹詞二首已自分明招認尚何說哉程子嘗論及佛氏以謂昔之惑人也乘其迷暗今之入人也因其高明若慈湖者天資亦不爲不高矣乃終身爲禪學所誤今其書忽傳於世有識之士固能灼見其非亦何庸多辨惟是區區過慮自有所不能已爾

易曰立人之道曰仁與義其名易知其理未易明也自道體言之渾然無間之謂仁截然有止之謂義

自體道者言之心與理一之謂仁事與理一之謂義心與理一則該貫動靜斯渾然矣事與理一則動中有靜斯截然矣截然者不出乎渾然之中事之合理卽心與理一之形也心與理初未嘗不一也有以間之則二矣然則何修何爲而能復其本體之一耶曰敬

虞書之所謂道心卽樂記所謂人生而靜天之性也卽中庸所謂未發之中天下之大本也決不可作已發看若認道心爲已發則將何者以爲大本乎

愚於此所以不能無少異於朱子者前巳有說平生所見此爲至先比年反覆窮究益信此論之不容易也

允執厥中之中先儒專以無過不及言似乎未盡竊詳其義當與中庸之中同體用兼舉而無遺斯爲聖道之大全也仲虺之誥有云王懋昭大德建中于民以義制事以禮制心其言亦兼體用可見先聖後聖其揆一也

舍巳從人非見得道理透徹安能及此人所以固執

已見善言更不能入者只是見不到復有一種性資輕快聞言便轉然未必皆當亦是無定見也夫所謂舍己從人者豈苟然哉從其至當而已矣

舜命禹曰予違汝弼汝無面從退有後言禹豈面從後言者邪益之告舜則以違道從欲爲戒禹則以慢遊傲虐爲戒皋陶則以叢脞爲戒舜亦曷嘗有此數者之失邪蓋其君臣相與至誠懇切惟欲各盡其道而無毫髮之歉故常致謹於未然之防讀書者能識虞廷交相儆戒之心斯可以事君矣

善無常主協于克一時中之謂也

秦誓一篇有可爲後世法者二孔子所以列之四代之書之終悔過遷善知所以修身矣明於君子小人之情狀知所以用人矣慎斯道也以往帝王之治其殆庶幾乎

鹿鳴之詩雖云上下通用要非賢人君子不足以當之今以鹿鳴名宴以賓禮初升之士待之不爲不厚矣聽其歌飲其酒能無感動於其心乎然而周行之示能言者皆可勉也視民不恌則非聲音笑

貌之所能爲矣不如是將何以答主人之盛禮而稱其爲嘉賓也耶

樂記所舉欲與好惡大學所舉親愛賤惡畏敬哀矜中庸所舉喜怒哀樂孟子所舉惻隱羞惡辭讓是非等是人情但名言之不同耳凡情之發皆根於性其所以爲善爲惡係於有節與無節中節與不中節辟與不辟而已樂記大學中庸三説足以互相發明孟子道性善故所舉四端主意只在善之一邊其説終是不備但以大學證之亦可見矣哀

矜猶惻隱也賤惡猶羞惡也畏敬猶恭敬也如發而皆當又何辟之可言哉此可見人心之危矣危字著在中間操持向上則極於中庸所謂天地位萬物育放縱趨下則如樂記所謂大亂之道固理勢之所必至也

漢高帝紀云母媼嘗息大澤之陂夢與神遇是時雷電晦冥父太公往視則見交龍於上夫人夢中所遇從未聞在他人有見之者史遷所記殊費分疏若太公所見者誠然則媼決非夢媼誠夢則太公

之所見者妄矣

漢武帝表章六經而黃老之説遂熄吾道有可行之兆矣然終帝之世未見其能有行豈其力之不足哉所歉不足者關雎麟趾之化爾善乎汲黯之言曰内多欲而外施仁義奈何欲效唐虞之治乎黯之學術不可知然觀乎此言非惟切中武帝之病且深達爲治之本

唐之禍亂本於李林甫宋之禍亂本於王介甫林甫之禍唐本於心術不端介甫之禍宋本於學術不

正

圖治當先定規模乃有持循積累之地規模大則大成規模小則小成未有規模不定而能有成者也然其間病源所在不可不知秉德二三則規模不定用人二三則規模不定苟無其病於致治乎何有

久任自是良法○陸宣公明於治體乃不甚以爲然蓋欲以救德宗之偏庶廣登延之路以濟一時之用且於惇大之化或有小補焉爾議法者未可執爲

定論正德間愚嘗建白此事而并及超遷之說大
意以爲超遷之法與久任之法相爲流通超於前
自可責其後之久超於後固無負其前之淹此葢
區區素見因他策忤用事者疏竟寢
取士之法宜有變通士行修然後民德歸厚治安之
本無切於此
孟子之學亦自明而誠知言養氣是也自明而誠者
未必便造其極理須善養盡心知性一章即是此
義然其告公孫丑不曰善養吾性而曰氣者因告

子勿求於氣而言以見其所以異也程子嘗言學者須先識仁一段說話皆與孟子相合但以存字該養字爾吾儒之學舍此更無是處然異學亦有假之以文其說者不可不明辨之

凡聖賢言語須是看得浹洽義理方盡若執定一處將來硬說其他說不通處更不管只是成就得一箇偏見何由得到盡心地位耶近世學者因孟子有仁人心也一語便要硬說心卽是仁獨不思以仁存心仁義禮智根於心其言亦出於孟子又將

何說以通之邪孔子之稱顏淵亦曰其心三月不違仁仁之與心固當有辨須於此見得端的方可謂之識仁

程子曰以吾觀於儒釋事事是句句合然而不同夫既曰事事是句句合矣何以又曰不同正此所謂毫釐之差也且如吾儒言心彼亦言心吾儒言性彼亦言性吾儒言寂感彼亦言寂感豈不是句句合然吾儒見得人心道心分明有別彼則混然無別矣安得同

天地鬼神陰陽剛柔仁義雖每每並言其實天該乎地神該乎鬼陽該乎陰剛該乎柔仁該乎義明乎此說其於道也思過半矣

義理愈窮究愈見細密到得愈細密處愈難爲言一字未安或反累其全體故有志於明道者其言自不容易若可增可減可移可換吾未敢以爲知言也

佛氏之學不知人物之所自來斷不足以經世儒而佛者自以爲有得矣至於經理世務若非依倚吾

聖人道理即一步不可行所得非所用所用非所得正所謂由其蔽於始是以缺於終爾內外本末既不免分爲兩截猶譊譊然動以一貫藉口吾聖人所謂一以貫之者果如是乎

顔淵曰舜何人也予何人也有爲者亦若是蓋以舜自期也舜飯糗茹草若將終身顔子簞食瓢飲不改其樂本原之地同一無累如此則顔之進於舜也其孰能禦之孟子曰人能無以饑渴之害爲心害則不及人不爲憂矣此希聖希賢之第一義也

山林日長別無所事劄記之續時復有之然亦簡矣偶閱慈湖遺書不覺又有許多言語夫學之不講聖人以爲憂余言雖多凡以講明此學非好辯也於初學之士或者未爲無益乃删取近年所記而并刻之蓋其言間有互相發明者爾記凡再續故其卷亦分爲上下云

嘉靖癸巳夏五月戊申整菴識

困知記三續

凡三十六章

人心人欲道心天理程子此言本之樂記自是分明後來諸公往往將人欲兩字看得過了故議論間有未歸一處夫性必有欲非人也天也既曰天矣其可去乎欲之有節無節非天也人也既曰人矣其可縱乎君子必慎其獨爲是故也獨乃天人之際離合之機毫釐之差千里之遠苟能無所不致其慎則天人一矣到此地位甚難但講學則不可

不盡

朱子語類有云吾儒只是一箇眞實底道理他也說我這箇是眞實底道理如云惟此一事實餘二則非眞只是他說得一邊只認得那人心無所謂道心愚按此言眞說透禪學骨髓

明道先生云知性善以忠信爲本此先立其大者說得頭腦分明工夫切當始終條理粲具於三言之中

徐居父問於朱子曰盡己之謂忠今有人不可盡告

則又當何如朱子曰聖人到這裏又却有義且如有人對自家說那人那人復來問自家其人凶惡若盡以告之必至殺人夫豈可哉到這裏又却別是一箇道理愚嘗因此言而思之竊以忠之爲義盡其心之謂也非盡其言之謂也今有[illegible]惡之人於此吾所聞於其讐敵固有不容盡告之者言之盡必將至於殺人吾則姑舉其可言者告之不可言者不以告也此人聞其讐敵之言不至已甚則殺心亦不萌矣吾之言於彼者雖有所隱而未盡

然所以保全兩家實在於此此其用心曾有所不盡乎事理自當如此便是義似不須云别是一箇道理也

子見南子子路不悅葢疑夫子欲因南子以求仕也始夫子入衛彌子便疑其求仕故有孔子主我衛卿可得之言子路欣然奉之以告未必不意夫子之見從也而夫子答以[illegible]則固拂其意矣及見南子遂激發其不[illegible]忿然見於辭色然當是時不獨子路疑之王孫賈亦疑之矣媚奥之諷殆

指南子而言也後人所謂與援蓋出於此但賈之
詞微婉故夫子應之亦甚從容子路麄鄙必然忿
厲之甚有未可遽解者故夫子不得已而出矢言
然其所謂天厭之者即獲罪於天之意亦可見其
曲折矣此章之旨舊說多欠分明區區之見似頗
得當時事實記以俟後之君子

侯氏之說中庸以孔子問禮問官爲聖人所不知似
乎淺近恐未得爲至也以孔子不得位爲聖人所
不能尤害事如此則是孔子非無意於得位但力

不能爾豈所以論聖人乎夫凡解釋經書自不須一一引證理明足矣愚見以爲天高地厚罔測所窮古往今來莫窺所始聖人所不知殆此類也有教無類下愚不移博施濟衆堯舜猶病聖人所不能殆此類也以此類求之庶無遠於至也之義

作人才厚風俗非復鄉舉里選之法不可科舉取士惟尚辭華不復考其實行其所得者非無忠厚正直之士任重致遠之才然而頑嚚鄙薄蕩無繩檢者由之而進亦不少也官使既多若人風俗何由

歸厚治不古若無足怪也誠使鄉舉里選之法行
則人人皆務修飭居家有善行居鄉有令名則居
官必有善政其於化民成俗豈不端有可望者哉
易窮則變變則通孟子曰以其時考之則可矣
人而無恒不可以作巫醫夫子善南人之言殆亦有
所感而發也夫醫乃聖人仁民之術所繫誠不輕
矣世之庸醫素難弗通經脉莫辨率以僥倖爲事
妄投湯劑繆施針砭本非必死之疾因而誤死者
往往有之仁人君子安得不爲之動心也然則教

養之法其可以不講乎巫之所從來者亦遠本以利人之生而世之淫巫往往假於鬼神時日以疑衆坐妨人事隂耗民財爲害反甚雖律有明禁要不可不思所以處之之方

文王之民無凍餒之老是五十者鮮不衣帛七十者鮮不食肉也今之槁項黃馘輩歲得一布袍朝夕得一盂蔬食茍延殘喘爲幸巳多何衣帛食肉之敢望邪少壯之民窘於衣食者十常八九饑寒困苦之狀殆不可勝述中間一二歲計粗給或稍有

羸餘貪官汙吏又從而侵削之受役公門不過一再而衣食之資有不蕩然者鮮矣此皆有目者之所共見誠可哀也仁人君子能不思所以拯之之策耶

學至於自得蓋難其人苟能篤信聖人之言而力行之其所自立亦可以無愧於君子矣若夫未得謂得言行相違非余之所知也

五行之質根於地而其氣則運於天根於地者隨用而不窮運於天者參錯以成化此理之可推者也

七政之齊書于舜典五辰之撫著在臯謨孟子亦有天時之説其來遠矣窮其本末不出乎陰陽兩端夫有氣斯有神有象斯有數變化紛紜胡可勝紀然太極之妙無乎不在其流爲讖緯術數之學者良由昧於至理而溺於偏見耳高明之士固宜知所决擇如洪範五行傳之類牽合附會誠無足取或乃并與其所當信者而不之信至欲一例破除將無矯枉過正已乎

思慮未萌而知覺不昧朱子嘗有是言余嘗疑其欠

一理字精思默究蓋有年矣輒敢忘其僭越擬用所字易知字覺得意義都完然非敢臆决也書曰顧諟天之明命論語曰立則見其參於前也在輿則見其倚於衡也非所覺不昧而何此實平日存養工夫不容有須臾之間者也

近世言太極者皆不出漢儒函三爲一之見函字與生字意義大相遠若非眞見太極之本體難乎與之論是非矣

當理而無私心則仁乃延平李先生之言而朱子述

之者也此言須就人事上體認內外兼盡則仁之爲義自明或謂當理即無私心無私心即是當理而以析心與理爲未善是蓋知其一而不知其二也且如齊桓公攘夷狄以尊周漢高祖爲義帝發喪孰不以爲當理謂無私心得乎又如直躬之證攘羊申生不忍傷父之志而自斃其無私心不待言矣謂之當理可乎果如或者之言則王伯將混爲一途而師心自用之害有不可勝救者矣

聖賢立言各有攸當誠得其所以言之意則雖說開

說合其理自無不通伊川先生云配義與道謂以義理養成此氣合義與道也方其未養則氣自是氣義自是義及其養成浩然之氣則氣與義合矣本不可言合爲未養時言也如言道則是一箇道都了若以人而言則人自是人道自是道須是以人行道始得他日又云中庸曰道不可須臾離也可離非道也又曰道不遠人此特聖人爲始學者言之耳論其極豈有可離與不可離而遠與近之說哉向非伊川造道之深安能說得如此分曉故

不知聖賢所以立言之意未可輕於立論也

延平李先生南軒張先生所見皆真有言皆當宜其爲朱子之所敬畏也延平因朱子喜看正蒙嘗語之曰橫渠說不須看非是不是恐先入了費力南軒因朱子有人心之安者是道一言明謂此語有病所安是如何所安若學者錯會此句執認己意以爲心之所安以此爲道不亦害乎此等言語惟是經歷過來方知其爲至論不然未有不視爲淺近者也

南軒與吳晦叔書有云伯逢前在城中頗欵某所解太極圖渠亦録去但其意終疑物雖昏隔不能以自通而太極之所以爲極者亦何有虧欠乎哉之語此正是渠緊要障礙處蓋未知物則有昏隔而太極則無虧欠故也若在物之身太極有虧欠則是太極爲一物天將其全與人而各分些子與物也此於大本甚有礙又荅胡廣仲書有云知覺終不可訓仁如所謂知者知此者也覺者覺此者也此言是也然所謂此者乃仁也知覺是知覺此豈

可遂以知覺爲此哉此皆切至之言不可不詳玩也近特講學之誤正在此處求如南軒灼然之見豈易得哉

彖傳神道設教一言近世諸儒多錯會了其所見率與杜鎬無異夫惇典庸禮命德討罪無非神道設教之事不可以他求也蓋一陰一陽之謂道陰陽不測之謂神神道云者合體用而一名之爾天地間只是此理故曰觀天之神道而四時不忒聖人以神道設教而天下服矣此義不明至使姦邪如

王欽若者得假之以欺其君以惑其衆學其可不
講乎
居處恭執事敬與人忠雖之夷狄不可棄也君子無
終食之間違仁造次必於是顛沛必於是工夫即
是一般聖人之言初無二致但前章三句說得渾
淪告樊遲者較分明易下手年來常自點檢只此
數語都不曾行得成箇片段如何便敢說仁能守
之
庚辰春王伯安以大學古本見惠其序乃戊寅七月

所作序云大學之要誠意而已矣誠意之功格物而已矣誠意之極止至善而已矣正心復其體也修身著其用也以言乎己謂之明德以言乎人謂之親民以言乎天地之間則備矣是故至善也者心之本體也動而後有不善意者其動也物者其事也格物以誠意復其不善之動而已矣不善復而體正體正而無不善之動矣是之謂止至善聖人懼人之求之於外也而反覆其辭舊本析而聖人之意亡矣是故不本於誠意而徒以格物者謂

之支不事於格物而徒以誠意者謂之虛支與虛
其於至善也遠矣合之以敬而益綴補之以傳而
益離吾懼學之日遠於至善也去分章而復舊本
傍爲之什以引其義庶幾復見聖人之心而求之
者有其要噫罪我者其亦以是矣夫此其全文也
首尾數百言並無一言及於致知近見陽明文錄
有大學古本序始改用致知立說於格物更不提
起其結語云乃若致知則存乎心悟致知焉盡矣
陽明學術以良知爲大頭腦其初序大學古本明

斥朱子傳註爲支離何故却將大頭腦遺下豈其
擬議之未定歟合二序而觀之安排布置委曲遷
就不可謂不勞矣然於大學本旨惡能掩其陰離
陽合之迹乎

王伯安答蕭惠云所謂汝心却是那能視聽言動的
這箇便是性便是天理又答陸原靜書有云佛氏
本來面目卽吾聖門所謂良知渠初未嘗諱禪爲
其徒者必欲爲之諱之何也

大學八條目八箇字虛八箇字實須字字看得有下

落不相混淆方是本旨而先後兩字果見得親切
自然那動分毫不得若可隨意那動先者可后后
者可先則非所以爲聖人之訓矣或謂物格知至
則意便誠心便正身便修更不用做工夫此言尤
錯卽如此經文何須節節下而后兩字乎姑無取
證於經文反求諸身有以見其決不然者
湛元明嘗輯遵道錄一編而自爲之序云遵道者何
遵明道也明道兄弟之學孔孟之正脉也夫旣曰
兄弟矣而所遵者獨明道何邪上天之載無聲無

臭其體則謂之易其理則謂之道其用則謂之神其命於人則謂之性此明道之言也物所受爲性天所賦爲命此伊川之言也中庸測於天命之謂性旁註云命脉之命難語又加一語曰命門之云雍語又曰於穆不巳是天之命根凡此爲遵明道耶遵伊川耶余不能無惑也定性書有云聖人之喜以物之當喜聖人之怒以物之當怒是聖人之喜怒不繫於心而繫於物也雍語乃云天理只是吾心本體豈可於事物上尋討然則明道之言其

又何足遵耶名爲遵道而實則相戾不知後學將安所取信也

明論新論樵語雍語吾閒中皆嘗披覽再三中間以知覺爲心之本體凡數處又以天理爲心之本體亦數處不知所謂本體者一耶二耶謂心體有二斷無此理體既不容有二則其所認以爲天理者非知覺而何其教學者每以隨處體認天理爲言此言如何破得但以知覺爲天理則凡體認工夫不是要悟此知覺而已分明借天理二字引入知

覺上去信乎教之多術也既又得觀其問辨錄乃有知覺是心必有所知覺之理一言似乎稍覺其誤然問辨續錄又其後出復有光明洞燭便謂之知性之語又其門人因或者墮於有物之疑而自爲之說曰天理者天之理也天之理則有體而無物變動不居神妙不測是故知微知彰知柔知剛通乎晝夜之道而知何謂爲有物也答詞明以此說見得是許之據此二條以其惑終未之解夫光明洞燭神妙不測心之爲物然爾豈可認以爲性

與天理乎且知微以下五知字皆指人而言經文
甚明不應彼此俱失照勘也
雍語有云佛之廣大高明吾聖人已有之而聖人之
中庸精微佛又何嘗有邪又曰中庸精微即是此
心感應發用之妙而廣大高明則心體也據此言
則是佛氏心體與吾聖人無異矣及答周衝問儒
釋之辨則曰聖人之學至大至公釋者之學至私
至小大小公私足以辨之矣夫既許之以廣大高
明矣何爲又有至私至小之議哉蓋佛氏之廣大

高明卽本覺之境界也此正是元明悟處其所謂聰明聖知達天德者卽此是以桀之聖人而不疑殊不知天德乃帝降之衷非本覺也本覺何有於中乎不中故小不中故私狹小偏私蓋先儒之所以議佛氏者舍此則無以爲儒釋之辨故不得不援之耳

新泉問辨錄有云不若大其心包天地萬物而與之一體則夫一念之發以至天下之物無不在內此非余之所敢知也夫程子所謂仁者渾然與物同

體乃其理之自然今欲大其心以包之則是出於人爲非所以爲自然之理矣如此體認其於道也不亦遠乎中庸論至誠之德到其極處惟曰浩浩其天此其所以爲實學也

程子所謂必有事焉而勿正心勿忘勿助長未嘗致纖毫之力此其存之之道須是灼見仁體後方可議此今猶未識仁體便要做自然的工夫已明是助長了只管翻來覆去將勿忘勿助四字滕說不置豈程子之所望於後學乎誠欲識仁須實用格

物工夫乃可格物工夫脫不得勿忘勿助然便要不費纖毫之力是誣也凡程子之言具於大學或問中者斷不容易真積力久自當豁然有箇覺處斯識仁矣識仁固已得其大者然其間精微處未必便能盡故程子又有存久自明之訓說得都無滲漏也以此知吾人為學必須循序漸進範我馳驅如行萬里之途決非一蹴所能到其或好高欲速有能免於差謬而得所歸宿者鮮矣

孟子嘗言堯舜性之湯武反之又以由仁義行非行

仁義稱舜其義云何葢由仁義行自然從容中道是則所謂性之也行仁義者於道亦無不中所不足者從容是則所謂反之也比觀雍語諸書每八以爲由仁義行之學謂世之學者皆只是行仁義而以伯道耻之其言殊可駭夫苟能躬行仁義惟日孜孜斯固可以希反之之聖矣求十一於千百未易得也彼伯道直假之而已何有於躬行乎吾夫子嘗言有能一日用其力於仁已乎我未見力不足者謂之用力非行仁義而何吾夫子不應錯

以伯道誨人也爲此言者亦何不思之甚乎且舜大聖人也其命禹也猶曰予違汝弼未嘗自以爲聖也吾夫子亦曰若聖與仁則吾豈敢抑爲之不厭誨人不倦則可謂云爾已矣由仁義行者之言蓋如是吁言其可不慎乎

孟子盡心一章實與大學相爲表裏蓋盡心知性乃格物致知之驗也存心養性即誠意正心之功也修身以俟則其義亦無不該矣孟得聖學之傳實惟在此始終條理甚是分明自不容巧爲異說且

學而至於立命地位煞高非平生心事無少愧怍
其孰能與於此
王湛二子皆與余相知於王蓋嘗相與論文而未及
細忽焉長逝殊可惜也湛則會晤絕少音問亦稀
然兩家之書余皆得而覽之區區之見終未相合
因續記一二于冊道無彼此自不容有形迹之拘
後之君子幸從而折其衷斯道之明庶乎其可望
矣
宋儒林希逸嘗著三子口義近有以刻本貺余者因

得而徧覽之其於莊列兩家多用禪語以釋其義往往皆合余嘗謂莊子列子出入老佛之間乃知昔人固有先得我心者矣希逸高才能文學博而雜亦是無奈胷中許多禪何故假莊列之書以發之然於二子本意十可得其七八明白條暢賢於郭張之註遠矣至於老子殊未見得只是以已意奏合成文蓋此書劈初便說無名天地之始有名萬物之母兩句至第二十章乃曰我獨異於人而貴食母五十二章又曰天下有始以爲天下母既

得其母以知其子既知其子復守其母沒身不殆五十九章又曰重積德則無不克無不克則莫知其極莫知其極可以有國有國之母可以長久是謂深根固柢長生久視之道五千言中母字凡屢出詞皆鄭重則此一字當爲一書之要領無疑中間許多說話皆是作用工夫其言取天下言治國言用兵諸如此類皆是譬喻其道不出乎深根固柢而已希逸於譬喻之言亦看得出但不知其要領之所在耳三子者之言皆非正當道理本無足

論顧其言頗有切中事情者至於造化之妙亦時或窺見一二要在明者擇之

擇焉而不精語焉而不詳此言以議楊子雲可也荀卿得罪於聖門多矣不精惡足以蔽之如蘇東坡所論喜爲異說而不讓敢爲高論而不顧乃爲切中其膏肓之病耳且如非十二子及性惡等篇類皆反覆其詞不一而足不可謂不詳矣顛倒謬戾一至於此尚何詳略之足議耶韓昌黎之待荀卿未免過於姑息矣

文中子議論先儒蓋多取之至於大本大原殊未有
見觀其稱佛爲西方之聖人可以知其學術矣
歐陽子所著本論蓋原於孟子反經之意可謂正矣
惜其不曾就君相之身直推明大本所在猶落第
二義也夫教由身立法不徒行誠使君相交修明
善以誠其身稽古以善其政風行草偃乃其自然
之理邪慝之息寧須久而後驗乎
蘇東坡論子思孟軻及楊雄累千百言於性實無所
見獨所謂天下之言性者皆雜乎才而言之此言

卻偶中也自楊雄而下以及近世諸儒誤處往往在此有能洞明思孟之本旨者豈非後學之大幸歟

張子曰合性與知覺有心之名蓋兼人心道心而言也程子曰自存諸人而言謂之心則專指道心而言道心即性性命於天程子方欲申明其所謂一理者故於人心有未暇及爾夫理之所在神明生焉理一定而不移神萬變而不測凡有心者體用皆然須如此推尋心之爲義方盡張說可疑乃在

上三句末句則明有所本初非臆見自不容不尊信也

困知記三續卷終

困知記四續

凡三十一章

大學誠意是一刀兩段工夫正心修身是磨稜合縫工夫

大學所謂明德即中庸之所謂德性章句似指心而言與孟子集註盡心之解無異恐當與德性一般解說於義爲長

生民之詩恐當從毛說爲正元妃世妃之辨雖久遠難明然姜嫄固爲人婦矣夫爲人婦祈子而得子

此常理也安得謂之無人道而生子乎然其所以見棄者意必有奇形怪狀可駭可疑如宋芮司徒女子之比其為祥為妖莫可測也故屢置之危地以驗之至再至三而不死則其為祥也可知矣是固天意之所存也何取於巨人跡乎玄鳥生商毛說亦正

先天橫圖最宜潛玩奇偶二畫之中當一線空白處着太極兩字其旨深矣陽奇而陰偶二氣流行不容有纖毫間斷但畫而為圖若非留一線空白則

奇偶無自而分此即邵康節所謂一動一靜之間天地人之至妙至妙者也偶畫亦有空者葢二氣之分實一氣之運直行去爲陽轉過來便是陰須空一線方見其轉折處陰之本體只是後半截耳只此一奇一偶每加一倍其數至不可勝窮然倍至六畫則三才之道包括已盡圖雖無文而其理甚顯要在默而識之

范景仁司馬君實皆以文王配上帝終周世常然此當爲不易之論

孔門諸弟子之言散見論語中者凡四十五章子張第十九在內若挑出別爲一篇以附堯曰篇後尤得尊聖言之體當時記錄者慮不及此何也

洪範五行以其爲民生日用之最切者故列于九疇之初所謂民非水火不生活也五事固切於人身然必稍有知識習聞師訓乃能以漸修其德而弘其用故次之蔡傳謂五事本於五行殊未見得謂庶徵本於五事詳經文驗用之義本字疑亦未安又以庶徵配五行則箕子原無此意葢五行質也

質附於地庶徵氣也氣運於天以潤下炎上等語
觀之謂在天爲五行非其實矣看來庶徵一疇但
順經文解說便見天人感應之理似不必過求
中庸章句解天命之謂性大槩是祖太極圖說氣則
陰陽五行理則健順五常欲令一一相對自不覺
其言之多也然太極乃性命之全體恐須提出此
兩字方見頭腦分明
中庸章句謂非存心無以致知而存心者又不可不
致知說得極是但謂尊德性所以存心質之孟子

存心養性之言似乎倒說了且專言知而不及行終是欠事余嘗再三尋繹見得致廣大溫故兩句是致知工夫極高明敦厚兩句是力行工夫此皆問學之事即所以尊德性也意義甚明但與章句欠合又嘗從頭體認見得洋洋乎三句是以造化言優優大哉三句是以人事言即其散殊觀之爲萬爲千皆小也曰其體統觀之合千萬以爲一不亦大乎德性之中固無不具學問之道又安得遺其大而專力於其小也恐不須分小大立說徃答

林次厓書雖嘗引章句爲證只是要見兩股分曉義無取於小大也

議禮最難蓋天下之事有常有變所遇雖異而其理皆有不容易者要在虛心無我庶幾得之或稍有偏徇則更無可言者矣

喪禮之廢莫甚於近世更不忍言其所以異於平人者僅衰麻之在身爾況復有墨其衰以營營家計者乎

世道升降繫於人不繫於天誠使吾人頗惜廉恥之

心勝於營求富貴之念三代之盛未有不可復者

嘗聞京師有講攘搶之謠士風之陋一至於此非國家之福也此當有任其責者

詩云昊天曰明及爾出王昊天曰旦及爾游衍又云無曰高高在上陟降厥士日監在茲何等說得分明只是人不見詩云雝雝在宮肅肅在廟不顯亦臨無斁亦保此文王所以與天爲一也

有來雝雝至止肅肅相維辟公天子穆穆余嘗喜誦此數句但覺其妙而不能言其所以妙者

劉靜修有詩云鳥聲似共花枝語好箇羲皇向上人覺得頗露筋骨楊月湖特稱賞之人各有所見耳

陳子昂感遇詩首章僅四十字太極生生之妙陰陽消長之機隱然皆見於言外非有所見安能及此然不知反求諸身只將作外邊物事看了故無益於脩德之實知者見之謂之知其諸若人之類乎

孔父仇牧荀息之死春秋皆書曰及其大夫說者皆稱孔父義形于色仇牧不畏強禦荀息不食其言故為聖人所與余意不然仇牧事迹弗詳姑勿論

若孔父狥其君以數戰殃民民心離矣荀息狥其君以廢嫡立庶諸大夫之心貳矣督與里克因是乃敢肆其逆謀即此論之二人之罪自不容掩縱其大罪而取其小節豈所以爲訓乎原二人之心所以曲狥其君之欲者凡以爲利其身家計耳安知貽禍其君若是之烈而其身卒亦不免則所謂身家之利果安在哉竊詳經意蓋所以深著一人不忠之罪爲萬世人臣懷利以事其君者之大戒耳。義形于色之說左傳無之傳引白圭之詩以斷荀息之事司馬溫公獨看得好以謂荀息之言玷於獻公未沒之前而不可救於已沒之後左氏之志所以貶荀息而非所以爲褒也以此觀之是二人者必非聖人所與仇牧之死亦可例推

以傳考經之事迹以經別傳之眞僞程子此言學春秋者斷不容易傳之所以有僞蓋傳聞之誤耳愛憎之言何所不至一或不審而遂書之于册流傳既久孰從而正之此史家之通患也聖經筆削必無所苟故凡三傳之説有與經文不合者但當一

孔子於春秋其述亦不終大行

詐偽以籍欺為保身之術惟其未必是也

以經文爲正則辭不費而理自明

一部戰國策無一句仁義之談孟子與齊梁之君如何說得相着事勢至此要是無下手處在聖人則不可知耳

唐郭中令子儀我朝魏國公達皆有大賢之資誠加之學問與伊吕殆相伯仲矣

人莫貴於自反可以進德可以寡怨可以利用安身其說已備於孔曾思孟之書但少見有能尊信者耳若每每怨天尤人而不知反求諸已何但出門

卽有礙耶
告子以義爲外孟子非之是矣但詳味孟子之言疑亦有所未盡蓋仁義皆合内外之道也論語曰義之與比就與字看便見分曉
論衡述太伯入吳采藥及後來讓位事本末頗詳宜必有據謂太王薨而太伯還尤可見其哀慕之至情不失送終之禮果如是毫髮無遺恨矣
吾家所藏王充論衡乃南監本卷末有安陽韓性一序非有本之學不能爲此文其亦可謂知言矣性

所著書凡數種意必多所發明惜乎不可得而見也

文貴實詩書之文無非實者易彖象之辭特奇然皆實理無一字無落着故曰易奇而法近世作者往往以新奇相尚要皆子虛烏有之類耳

文起八代之衰此韓文公之所以爲文也近時學者反極力追蹤八代何耶

明道先生嘗歷舉繫辭形而上下數語乃從而申之曰陰陽亦形而下者而曰道者惟此語截得上下

最分明元來只此是道要在人默而識之也截字當爲斬截之意蓋立天之道曰陰與陽及一陰一陽之謂道二語各不過七八字耳即此便見形而上下渾然無間何等斬截得分明若將作分截看則下句原來只此是道更說不去蓋道器自不容分也

理同而氣異氣同而理異此兩說質之大傳形而上下之言終覺有礙必須講究歸一方得觸處洞然

明道先生答定性書有云且以性爲隨物於外則當

其在外時何者爲在内是有意於絕外誘而不知
性之無内外也此數句最緊要最要體認若認得
分明去用廓然大公物來順應工夫方有下落性
無内外云者内外只是一理也
余嘗誌楊文恪公之墓公所著述書目頗多皆據行
狀收入然皆未及見内皇朝理學名臣錄頃年方
見刻本公固近世之名臣也錄中所采不謂之休
休有容可乎
記凡六卷首尾經二十年體認之功不爲不勤

而反躬實踐終未之有得也年且耄矣其能復少進乎四續刻完因書以寓歎

嘉靖丙午端陽日整菴識

困知記四續卷之四　終

困知記附錄卷之五

明　泰和羅欽順允升父著

同邑後學　歐陽熙文白父　楊嘉祚邦隆父　仝校

眞州後學陳夢暘爾旭父編次

嗣孫　珽仕侯符父　琁仕穉白父　重梓

與王陽明書　庚辰夏

昨拜書後一日始獲奉領所惠大學古本朱子晚年

定論二編珍感珍感某無似往在南都嘗蒙誨益第苦多病怯於話言未克傾吐所懷以求歸于一是恒用爲歉去年夏士友有以傳習錄見示者亟讀一過則凡向日所聞往往具在而他所未聞者尚多乃今又獲幷讀二書何其幸也顧惟不敏再三尋繹終未能得其旨歸而向日有疑嘗以面請而未决者復叢集而不可解深惟執事所以惠教之意將不徒然輒敢一二條陳仰煩開示率爾之罪度弘度之能容也切詳大學古本之復蓋以人之爲學但當求之於内

而程朱格物之說不免求之於外聖人之意殆不其然於是遂去朱子之分章而削其所補之傳直以支離目之曾無所用夫當仁之讓可謂勇矣竊惟聖門設教文行兼資博學於文厥有明訓顏淵稱夫子之善誘亦曰博我以文文果內耶外耶是固無難辨者凡程朱之所爲說有戾於此者乎如必以學不資於外求但當反觀內省以爲務則正心誠意四字亦何不盡之有何必於入門之際便困以格物一段工夫也顧經既有此文理當尊信又不容不有以處之則

從而爲之訓曰物者意之用也格者正也正其不正以歸於正也其爲訓如此要使之內而不外以會歸一處亦嘗就以此訓推之如曰意用於事親即事親之事而格之正其事親之事之不正者以歸於正而必盡夫天理蓋猶未及知字已見其繳繞迂曲而難明矣審如所訓茲惟大學之始苟能即事即物正其不正以歸於正而皆盡夫天理則心亦既正矣意亦既誠矣繼此誠意正心之目無乃重復堆疊而無用乎大哉乾元萬物資始至哉坤元萬物資生凡吾之

有此身與夫萬物之爲萬物孰非出於乾坤其理固皆乾坤之理也自我而觀物固物也以理觀之我亦物也渾然一致而已夫何分於内外乎所貴乎格物者正欲即其分之殊而有見乎理之一無彼無此無欠無餘而實有所統會夫然後謂之知至亦即所謂知止而大本於是乎可立達道於是乎可行自誠正以至於治平庶乎可以一以貫之而無遺矣然學者之資禀不齊工夫不等其能格與否或淺或深或遲或速詎容以一言盡哉惟是聖門大學之教其道則

無以易此學者所當由之以入不可誣也外此或誇多而闕靡則溺於外而遺其內或厭繁而喜徑則局於內而遺其外溺於外而遺其內俗學是已局於內而遺其外禪學是已凡爲禪學之至者必自以爲明心見性然於天人物我未有不二之者是可謂之有眞見乎使其見之果眞則極天下之至賾而不可惡一毛一髮皆吾體也又安肯叛君父捐妻子以自陷於禽獸之域哉今欲援俗學之溺而未有以深杜禪學之萌使夫有志於學聖賢者將或昧於所從恐不

可不過爲之慮也又詳朱子定論之編蓋以其中歲以前所見未眞爰及晚年始克有悟乃於其論學書尺三數十卷之内摘此三十餘條其意皆主於向裏者以爲得於既悟之餘而斷其爲定論斯其所擇宜亦精矣第不知所謂晚年者斷以何年爲定羸軀病暑未暇詳考偶考得何叔京氏卒於淳熙乙未時朱子年方四十有六爾後二年丁酉而論孟集註或問始成今有取於答何書者四通以爲晚年定論至於集註或問則以爲中年未定之說竊恐考之欠詳而

立論之太果也又所取答黃直卿一書監本止云此是向來差誤別無定本二字今所編刻增此二字當別有據而序中又變定字爲舊字却未詳本字同所指否朱子有答呂東萊一書嘗及定本之說然非指集註或問也凡此愚皆不能無疑顧猶未足深論竊以執事天資絕出而日新不已向來恍若有悟之後自以爲證諸五經四子沛然若決江河而放諸海又以爲精明的確洞然無復可疑某固信其非虛語也然又以爲獨於朱子之說有相牴牾揆之於理容有

是耶他說姑未敢請嘗讀朱子文集其第三十二卷皆與張南軒答問書內第四書亦自以為其於實體似益精明因復取凡聖賢之書以及近世諸老先生之遺語讀而驗之則又無一不合蓋平日所疑而未白者今皆不待安排往往自見灑落處與執事之所以自序者無一語不相似也書中發其所見不為不明而卷末一書提綱振領尤為詳盡竊以為千聖相傳之心學殆無以出此矣不知何故獨不為執事所取無亦偶然也耶若以此二書為然則論孟集註學

庸章句或問不容別有一般道理雖或其間小有出入自不妨隨處明辨也如其以爲未合則是執事精明之見決與朱子異矣凡此三十餘條者不過姑取之以證成高論而所謂先得我心之所同然者安知不有毫釐之不同者爲祟於其間以成牴牾之大隙哉恐不可不詳推其所以然也又執事於朱子之後特推草廬吳氏以爲見之尤真而取其一說以附於三十餘條之後竊以草廬晚年所見端的與否良未易知蓋吾儒昭昭之云釋氏亦每言之毫釐之差正

在於此即草廬所見果有合於吾之所謂昭昭者安知非其四十年間鑽研文義之效殆所謂眞積力久而豁然貫通者也蓋雖以明道先生之高明純粹又早獲親炙於濂溪以發其吟風弄月之趣亦必反求諸六經而後得之但其所禀隣於生知聞一以知十與他人極力於鑽研者不同耳又安得以前日之鑽研文義爲非而以墮此科臼爲悔夫得魚忘筌得兎忘蹄可也矜魚兎之獲而反追咎筌蹄以爲多事其可乎哉然世之徒事鑽研而不知反說約者則不可

不深有儆於斯言也抑草廬既有見夫所謂昭昭者又以不使有須臾之間斷爲庶幾乎尊之之道其亦然矣而下文乃云於此有未能則問於人學於己而必欲其至夫其須臾之間間斷與否豈他人之所能與且既知所以尊之之道在此一有間斷則繼續之而已又安得以爲未能而别有所謂學哉是則見道固難而體道尤難道誠未易明而學誠不可不講恐未可安於所見而遂以爲極則也某非知道者然區勉以求之亦有年矣騐尋衰晚茫無所得乃欲與一

代之英論學多見其不知量也雖然執事平日相與之意良不薄矣雖則駑鈍心誠感慕而樂求教焉一得之愚用悉陳之而不敢隱其他節目所欲言者頗多筆硯久疎收拾不上然其大要亦略可覩矣伏惟經略之暇試一觀焉還賜一言以決其可否幸甚

又 戊子冬

側聞旌麾伊邇計不日當臨弊邑甚欲一瞻德範以慰多年渴仰之懷奈病骨支離艱於遠出咫尺千里悵惘曷勝伏惟亮察去年嘗辱手書預訂文會殆有

意乎左提右挈相與偕之大道爲愛艮厚感戢無已但無若區區之固滯何夫固滯者未免於循常而高明者恒妙於獨得竊恐異同之論有非一會晤間之所能决也然病既有妨盛意何可虛辱輒以近來鄙說數段奉塵尊覽及嘗反覆高論有不能無疑者亦條爲一段具如別幅固知未能仰契尊旨將不免爲覆瓿之具亦姑效其愚而已雖然愚者千慮容有一得先睽後合尚不能無望於高明伏希裁擇幸甚

物者意之用也格者正也正其不正以歸于正也

此執事格物之訓也向蒙惠教有云格物者格其心之物也格其意之物也格其知之物也正心者正其物之心也誠意者誠其物之意也致知者致其物之知也自有大學以來無此議論此高明獨得之妙夫豈淺陋之所能窺也耶然誨諭之勤兩端既竭固嘗反覆推尋不敢忽也夫謂格其心之物格其意之物格其知之物凡其爲物也三謂正其物之心誠其物之意致其物之知其爲物也一而已矣就三物而論以程子格物之訓推之猶可

通也以執事格物之訓推之不可通也就一物而論則所謂物者果何物耶如必以爲意之用雖極安排之巧終無可通之日此愚之所不能無疑者一也又執事嘗謂意在於事親即事親是一物意在於事君即事君是一物諸如此類不妨說得行矣有如論語川上之嘆中庸鳶飛魚躍之旨皆聖賢喫緊爲人處學者如未能深達其義未可謂之知學也試以吾意着於川之流鳶之飛魚之躍若之何正其不正以歸于正耶此愚之所不能無疑

者二也又執事答人論學書有云吾心之良知即所謂天理也致吾心良知之天理於事事物物則事事物物皆得其理矣致吾心之良知者致知也事事物物各得其理者格物也審如所言則大學當云格物在致知不當云致知在格物當云知至而后物格不當云物格而后知至矣且既言精察此心之天理以致其本然之良知又言正惟致其良知以精察此心之天理然則天理也良知也果一乎果非一乎察也致也果孰先乎孰後乎此愚

之所不能無疑者三也

初作此書將以復陽明往年講學之約書未及寄而陽明下世矣惜哉鄙說數段皆記中語也念非一家私議因錄之

答允恕弟　己丑夏

昨得手簡知嘗細讀拙記心性理氣諸說乃記中大節目吾弟所見皆合何慰如之然心性之辨旣明則象山之學術居然可見顧乃疑吾言爲已甚何也象山之學吾見得分明是禪弟則以爲似禪似之爲言

彷彿之謂也以余觀之佛氏有見於心無見於性象山亦然其所謂至道皆不出乎靈覺之妙初不見其有少異也豈直彷彿云乎據象山所見自不合攻禪緣當時多以禪學目之不容不自解爾釋氏之自私自利固與吾儒不同然此只是就形迹上斷他病根所在不曾說得蓋以靈覺爲至道乃其病根所以異於吾儒者實在於此而此二字正是象山受用處如何自肯拈出余所謂陽避其名而陰用其實誠有見乎此也格物之義程朱之訓明且盡矣當爲萬物無

疑人之有心固然亦是一物然專以格物爲格此心則不可說卦傳曰觀變於陰陽而立卦發揮於剛柔而生爻和順於道德而理於義窮理盡性以至於命後兩句皆主卦爻而言窮理云者卽卦爻而窮之也葢一卦有一卦之理一爻有一爻之理皆所當窮窮到極處却止是一理此理在人則謂之性在天則謂之命心也者人之神明而理之存主處也豈可謂心卽理而以窮理爲窮此心哉良心發見乃感應自然之機所謂天下之至神者固無待於思也然欲其一

此語甚是諸目象山爲禪卻未爲知象山者

一中節非思不可研幾工夫正在此此處故大學之教雖已知止有定必慮而後能得之其工夫之詳密可知矣若此心粗立猶未及於知止感應之際乃一切任其自然遂以爲即此是道其不至於猖狂妄行者幾希凡象山之爲此言誤人多矣其流禍迄今益甚士之好高欲速者更倡迭和駸駸乎有丕變於夷之勢世道升降將必由之余惟恐攻之之不力而無以塞其源殊不覺其言之已甚也來簡有云若陽避陰用則象山乃反覆作僞之人此固君子之言而亦可

謂善辨矣余敢忽哉夫以象山之高明固宜不肯作僞但其見性不的而主張所學太過未免頗有飾辭如辨無極書中一陰一陽已是形而上者況太極乎兩語明是疎脫却須要遮飾又如答李敏求心性材情之問始終不見分曉只是支吾恐非所謂修辭立其誠也弟嘗徧讀其書試尋得幾句言性分明處來安有不服陽避陰用之説當不俟終日而改之矣趙東山之贊要在超然獨契本心一語意欲爲象山出脫禪學余固謂象山有見於心但無見於性爾贊詞

得無尚費分說耶湛元明議論多持兩端余嘗擬之楊子雲矣況渠乃象山派下眞法嗣乎容有回護言及於此弟將又以爲甚頗不直則道不見爾倘猶未合不妨更熟講之余固嘗言辨之弗明而弗措焉必有時而明矣

附允恕原簡

承示劄記反覆數過詞意俱到心性理氣諸說鄙見皆同獨象山條下終未盡合心性雖微有分原只一理象山想是合下心地淸明故所見過高再

不細究遂謂心即理也又云格此物窮此理此字
皆指心言人誠能窮得此心之理亦何性不了記
云聖經格物窮理果指心乎然則物理果皆非心
乎當惻隱處自惻隱等語此良心發見處恐亦無
待乎思又與王順伯書言儒者以人生與天地並
而爲三極不盡人道不足與天地並釋氏止見生
死事大此即其道之有異爾後一書尤懇切若謂
陽避其名而陰用其實則象山乃反覆佯僞之小
人非惟朱子得以攻之順伯老兄亦將攘臂而毆

之矣陰實祖用其說而陽諱其所自來此亦朱之攻陸未知能得其服辨否與順伯書朱子亦議其不是今不及撿閱嘗愛趙東山之贊及近日湛元明之語云謂之禪吾不敢也謂流而非禪吾不信也可謂平正之論兄再思之記得無已甚乎無令後人之議今也今專此申請便中示正病暑不能詳悉

答黃筠谿亞卿

道心性也性者道之體人心情也情者道之用其體

一而已矣用則有千變萬化之殊然而莫非道也此理甚明此說從來不易來書乃有用非道乎之難殊莫詳所以反覆思之得非人心道心之辨有未合乎夫危微情一四語乃心學之源僕於此煞曾下工夫體究來直窮到無可窮處方敢立論萬一未合願相與熟講之此處合則無往而不合矣寂然不動感而遂通高見謂非聖人不能是以不能無疑於鄙說愚則以謂常人之心亦有時而寂但茲無主宰而大本有所不立常人之心亦無時不感但應物多謬而達

道有所不行此其所以善惡雜出而常危也此亦不須執紙上言語驗之於心便自可見既是人心動靜如此即不容獨歸之聖人矣請更詳之　靜無形而動有象只是就已發未發上立論非謂人倫庶物皆不必留意也蓋格物窮理工夫記中第六第七章嘗推明程子之意其說亦既詳矣試求其下手處惟性情最爲切近故此章粗舉其端至第二十一章方能盡其說也果於性情上有見則天下之理皆不外此然亦須於事物上一一驗過或先於事物有見亦須

就性情上驗過蓋內外只是一理但有纖毫不合便成窒礙所見終未爲的也且吾心之理與人倫庶物之理皆所謂無聲無臭者也旣曰窮理孰非明其所難明者乎　知行當並進而知常在先先儒有定論矣南軒之說未見全文所謂知有淺深理固如此陽明學術大本已自不同其餘要不足深辨知萬物同出一理爲知至此言未爲不是但不知呂氏於格物處若何用工乃自爲四說之異據其所說與同出一理之言自不相應朱子以牽合二字斷之可謂切中

其病矣余所云物格則無物者誠以工深力到而豁然貫通則凡屈伸消長之變始終聚散之狀哀樂好惡之情雖千緒萬端而卓然心目間者無非此理一切形器之粗迹舉不能礙吾廓然之本體夫是之謂無物孟子所謂盡心知性而知天即斯義也天人物我其理本一不容私意安排若有意於合物我而一之即是牽合之私非自然之謂矣勉強牽合此處或通他處復礙何由得到盡心地位耶來書所舉無物之句格字在物字上恐一時筆誤也六十五章重

添註脚之煩誠如來諭但於理一分殊之義似乎稍有發明不知觀者緣何反惑繼之者善即所謂感於物而動直緣程子之意而申明之耳非以化育形容人心也葢程子繼善之云是就人性發用處說感物而動正是人性發用處也以感動釋繼善程子本意較似分明似亦無可疑者惟觸其感動之物欲以下三語原本倒却正意後嘗改正所以致惑或恐在此更希示知

指摘之諭盛德之言也感佩感佩初間遇有所見即記之於冊似此類多矣及寫淨本亦

頗自覺傷直多已削之所未果盡削者誠慮道之不見也然直有餘而禮不足僕誠過矣將何以補之乎

答歐陽少司成崇一 甲午秋

得六月望日書披閱再四承不以老朽見棄爲之欣然傾倒多至累幅厚意何可當夫道之不明久矣所幸聖賢之遺書尚存有志於學者誦其言而咀其味探其歸趣反而驗之吾心庶或窺見其一二以爲持循之地顧有道之君子世不多得是非得失莫或正之其所取證終亦不出乎聖賢之書而已僕之從事

於此葢亦有年齒髮旣凋自度無能復進乃筆其區區之見以與朋友講之然視爲老生常談一覽而遂置之者多矣異同之論遡乎其未有聞頃辱貽書見需拙稿夙欽高誼因輒以奉寄意者將有合焉誨札遄來則枘方鑿圓殊不相入高見已定殆亦無復可言者矣而書詞丁寧不容但已勉罄所聞以復請更詳之來書凡三段第一段申明良知卽天理之說甚悉首云知覺與良知名同而實異末云考之孔曾思孟濂溪明道之言質之楞伽楞嚴圓覺涅槃諸經其

宗旨異同頗覺判別足知賢契不肯以禪學自居也然人之知識不容有二孟子本意但以不慮而知者名之曰良非謂別有一知也今以知惻隱知羞惡知恭敬知是非爲良知知視知聽知言知動爲知覺是果有二知乎夫人之視聽言動不待思慮而知者亦多矣感通之妙捷於桴鼓何以異於惻隱羞惡恭敬是非之發乎且四端之發未有不關於視聽言動者是非必自其口出恭敬必形於容貌惡惡臭輒掩其鼻見孺子將入於井輒匍匐而往救之果何從而見

其異乎知惟一爾而強生分别吾聖賢之書未嘗有
也惟楞伽有所謂眞識現識及分别事識三種之别
必如高論則良知乃眞識而知覺當爲分别事識無
疑矣夫不以禪學自居志之正也而所以自解者終
不免墮於其說無乃未之思乎天性之眞明覺自然
隨感而通自有條理是以謂之良知亦謂之天理僕
雖耄固知賢契所得在此數語然其誤處亦在此數
語此正是講學切要處不得無言苐恐定力難移言
之苦無益爾雖然吾心其可以不盡乎夫謂良知卽

天理則天性明覺只是一事區區之見要不免於
之蓋天性之眞乃其本體明覺自然乃其妙用天性
正於受生之初明覺發於既生之後有體必有用而
用不可以爲體也此非僕之臆說其在樂記則所謂
人生而靜天之性卽天性之眞也感物而動性之欲
卽明覺之自然也在易大傳則所謂天下之至精卽
天性之眞也天下之至神卽明覺之自然也在詩大
雅則所謂有物有則卽天性之眞也好是懿德卽明
覺之自然也諸如此類其證甚明曾有一言謂良知

爲天理者乎然孔曾思孟濂溪明道之言賢契嘗考
之矣或恐别有可證高論者惜乎略未舉及僕請再
以所聞於數子者證之孔子嘗言知道知德矣曾子
嘗言知止矣子思嘗言知天知人矣孟子嘗言知性
知天矣凡知字皆虚下一字皆實虚實既判體用自
明以用爲體未之前聞也况明道先生嘗釋知覺二
字之義云知是知此事覺是覺此理尤爲明白易見
上下千數百年其言如出一口吾輩但當篤信而固
守之豈容立異若前無所受而欲自我作古徒滋後

學之惑而已非惟不足以明道且將獲罪於聖門可
不慎乎且僕又嘗聞之伊川之道與明道無異晦菴
之學以二程爲宗來書所舉竟不及二先生何也得
無以其格物之訓於良知之說有礙乎夫天人物我
其理無二來書格物工夫惟是隨其位分修其日履
雖云與佛氏異然於天地萬物之理一切置之度外
更不復講則無以達夫一貫之妙又安能盡己之性
以盡人物之性贊化育而參天地哉此無他只緣誤
認良知爲天理於天地萬物上良知二字自是安着

不得不容不置之度外爾聖人本天釋氏本心天地
萬物之理既皆置之度外其所本從可知矣若非隨
其位分修其日履則自頂至踵寧復少有分别乎二
先生所見之理洞徹無間凡其格物之訓誠有所謂
百世以俟聖人而不惑者其孰能易之世儒妄加詆
訾以自陷於浮薄諒賢契之所不取然於二先生之
學似宜更加之意不以所見偶未之合而遂置之斯
文之幸也第二段所論學問思辯工夫與僕所聞亦
無甚異但本領既别則雖同此進爲之方先後緩急

天理非良知則天理為外鑠非人性固有之矣

自有不可得而同者葢以良知爲天理則易簡在先工夫居後後則可緩陳白沙所謂得此欛柄入手更有何事自茲以往但有分殊處合要理會是也謂天理非良知則易簡居後工夫在先先則當急中庸所謂果能此道矣雖愚必明雖柔必強是也此說頗長姑舉其槩以賢契之明悟宜亦不待余詞之畢也聖賢經書人心善惡是非之迹固無不紀然其大要無非發明天理以垂訓萬世世之學者既不得聖賢以爲之師始之開發聰明終之磨礲入細所賴者經書

而已舍是則貿貿焉莫知所之若師心自用有能免於千里之謬者鮮矣善讀書者莫非切己工深力到內外自然合一易簡之妙於是乎存岐而二之不善讀書者也夫天下之士亦多矣豈可謂凡讀書者皆遠人以爲道惟尊奉其良知以從事於易簡者乃爲不遠人以爲道乎第三段所論教學本原與夫後世學術之弊亦可謂句句合矣但微意所在乃專以尊奉良知從事於易簡者爲是窮究物理博通於典訓者爲非只緣本領不同故其去取若是夫孔孟之絕

率性之謂是天理即在心性亡非安排

學至二程兄弟始明二程未嘗認良知爲天理也以謂有物必有則故學必先於格物今以良知爲天理乃欲致吾心之良知於事事物物此語見傳習錄來書亦云致其良知於日履之間以達之天下則是道理全在人安排出事物無復本然之則矣無乃不得於言乎雍語亦云天理只是吾心本體豈可於事物上尋討總是此見不得於言而勿求諸心此是告子大病凡爲孔孟之學者或偶罹斯疾不早進瞑眩之藥以除其根是無勇也古者大學之教非秀民不預農賈罝兔誠有所不能及者故曰民可使由之不可使知之公

族腹心天資之忠厚者亦云可矣豈眞見而知之與
太公望散宜生等乎古人自幼而學至四十始仕三
十年間無非爲學之日既專且久道明而德立及爲
公卿大夫直行其所學而已不暇爲學又奚病焉來
書不能及不暇爲之說殆以廣招徠之路使人競趨
於易簡爾豈通論乎格致與博物洽聞不同先儒已
自說破彼徒博而不知反諸約者望其入道誠亦難
矣若夫講之精辯之悉知之明而學之果不差焉斯
固吾夫子之所謂好學者豈易得哉學既不差安有

源遠本披之患本披源遠皆差之毫釐而不自覺者也嗟乎安得先覺之君子特起於今之世以盡覺夫未覺者哉累幅之書中間儘有合商量處第年老精神短照管不及又恐亂却正意是以但即其切要者論之然體用兩字果明則凡未經商量者雖欲不歸於一不可得也未審高見畢竟以爲何如言有盡而意無窮千萬詳察

又　乙未春

二月十一日得去年十月晦日所惠書往復間不覺

遂半年矣披覽之旣欣慰可知僕獨學無朋見聞甚少向來奉復誠欲資麗澤之益故詞繁而不殺茲承逐條開剝俾得聞所未聞幸甚幸甚夫良知之說賢契講之久矣其義皆先儒所未及僕之所守不過先儒成說其不合也固宜詳味來書詞雖若謙而所執彌固固以凝道謙以全交可謂兩得之矣老拙於此尚何言哉然而瓊玖之投木瓜之報又禮之所不容廢者敬就來書再舉一二以見枘鑿之不相入處刓方爲圓老拙固所不能斲圓就方賢契亦或未肯姑

以奉酬雅意焉爾來書謂立言各有所當此語固然樂記亦云物至知知不妨自爲體用也但以理言即恐良知難作實體看果認爲實體即與道德性天字無異若曰知此良知是成何等説話耶明道學者須先識仁一章首尾甚是分明未嘗指良知爲實體也首云仁者渾然與物同體義禮智信皆仁也識得此理以誠敬存之而已中間又云訂頑意思乃備言此體以此意存之更有何事初未嘗語及良知已自分明指出實體了不然則所謂存之者果何物耶且訂

頑之書具存並無一言與良知略相似者此理殆不難見也其良知良能以下數語乃申言存得便合有得之意蓋雖識得此理若欠却存養工夫則猶是二物有對以已合彼終未有之惟是存養深厚自然良知日明良能日充舊習日消此理與心漸次打成一片便爲已有夫是之謂有得其語脈一一可尋也此章之言陳白沙嘗喫緊拈出近時有志於學者率喜談之然非虛心潛玩毫釐之差或未能免無乃上累先賢已乎又來書力拼置之度外一言僕固知此言

之逆耳然竊有所見非敢厚誣君子也嘗讀文言有云大哉乾乎剛健中正純粹精也此天理之本然也象傳有云乾道變化各正性命此天理之在萬物者也吾夫子贊易明言天地萬物之理以示人故有志於學者須就天地萬物上講求其理若何謂之純粹精若何謂之各正人固萬物中之一物爾須灼然見得此理之在天地者與其在人心者無二在人心者與其在鳥獸草木金石者無二在鳥獸草木金石者與其在天地者無二方可謂之物格知至方可謂之知性

知天不然只是揣摩臆度而已蓋此理在天地則宰天地在萬物則宰萬物在吾心則宰吾身其分固森然萬殊然止是一理皆所謂純粹精也以其分之殊故天之所爲有非人所能爲者人之所爲有非物所能爲者以其理之一故能致中和則天地以位萬物以育中即純粹精之隱於人心者也和即純粹精之顯於人事者也自源徂流明如指掌故曰聖人本天僕之所聞蓋如此今以良知爲天理即不知天地萬物皆有此良知否乎天之高也未易驟窺山河大地

山河大地草木若無良知即非理一矣山之靜水之流地之生物草木之榮有含之剛石之堅即其良知也

吾未見其有良知也萬物衆多未易徧舉草木金石吾未見其有良知也求其良知而不得安得不置之度外邪殊不知萬物之所得以爲性者無非純粹精之理雖頑然無知之物而此理無一不具不然即不得謂之各正即是天地間有無性之物矣以此觀之良知之非天理豈不明甚矣乎來書所云視聽思慮必交於天地萬物無有一處安着不得而置之度外者只是認取此心之靈感通之妙原不曾透到萬物各正處未免昏却理字終無以自别於弄精魂者爾

頗記佛書有云佛身充滿於法界普見一切羣生前隨緣赴感靡不周而恒處此菩提座非所謂視聽思慮必交於天地萬物者耶此之睽而彼之合無他良由純粹精之未易識不肯虛心易氣以求之爾幸意盡言似乎傷直然非以求勝也蓋講論道理自不容於不盡是非取舍則在明者擇焉倘猶未亮姑置之可也因風時寄數字以慰岑寂是見久要之義鄉書已祇受珍感珍感不宣

答劉貳守煥吾　乙未秋

前日講論有遺補之以小簡遽勞還答非篤志好學安能若此示諭縷縷大體雖若相同而工夫終未歸一再有商確想不爲煩來書云道心卽本心本心卽天理又云求仁之外無餘學又云孔門答諸子問仁處只指其要言之而本體已自在所言皆當但要認得天理及仁字分明庶乎存養之不差爾至謂聖賢論心皆指道心言又謂赤子之心卽道心却恐未的僕嘗徧考經書中專言心體者惟是虞書道心孟子良心兩言最盡其他就發用處說爲多如所謂以禮

制心從心所欲不踰矩其心三月不違仁此三心字若認着道心則禮字矩字仁字皆說不去矣赤子之心伊川以爲發而未遠乎中晦菴以爲純一無僞亦是說發用處其言皆不容易若曰道心則人人有之何獨赤子也然亦非獨人爾物皆有之易不云乎各正性命故欲見得此理分明非用程朱格物工夫不可夫物我並立而内外形焉乃其散殊之分然而内此理也外亦此理也所貴乎格物者正要見得天人物我原是一理故能盡其性則能盡人之性盡物之

性人物之性各在人物身上而吾乃能盡之者非以
此理之同故耶凡程朱格物之訓正所謂合内外之
道而顧以爲非只欲固守此心而物理更不窮究則
雖名爲合一實已分而爲二矣大抵區區之見與近
時諸公異者只是心性兩字人只是一箇心然有體
有用本體卽性性卽理故名之曰道心發用便是情
情乃性之欲故名之曰人心須兩下看得分明始得
孩提之童無不知愛其親及其長也無不知敬其兄
非發用而何然則良知之說可知已若但認取知覺

之妙孰爲天理則凡草木之無知金石之至頑謂之無性可乎推究到此明有窒礙恐不可不深思也拙記中此等意思發得已多但恐散漫難看近答崇一符臺一書嘗檃括粗盡今輒以奉覽賢契講學蓋欲得之於心非若他人出入口耳者僕是以樂於往復而总其拙雖未敢必其有合其必有以輔區區之不逮者矣

又

再辱還答作合作離猶欲致詳亦難乎其爲言矣蓋

高見已定故也然重違雅意因復步效區區雖若傷煩庶無失爲忠告焉爾天理通天地人物而言易所謂性命之理是也仁字專就人身而言易所謂立人之道曰仁與義是也蓋天地人物原無二理故此理之在人心者自與天地萬物相爲流通是之謂仁果認得天理分明未有不識仁者昨因舉來書三語故著箇及字惻怛惻隱皆發用之妙非仁之本體也以禮制心三句皆人心聽命於道心之意禮非外也來書以三念字代三心字及舉存其誠之說皆得之

矣所云格此念作格其非心看自是如作格物說却難通　僕於天理粗窺見一二實從程朱格物之訓而入與賢契素所尊信者終恐難合伊川先生云物我一理纔明彼即曉此此合内外之道也果見得此理分明即天人物我一時通徹更無先後故曰知其性則知天矣來書知所先後一言容有還就未敢以爲然也　所云良知有條理處謂之天理天理之明覺處謂之良知此與良知即天理之言不審是同是別即之爲言還添得註脚否耶賢契非淺於文義者

稍肯虛心推究殆不難見也夫所謂天理者無一物欠缺無一息間斷堯草田荆山傾鐘應自古至今能幾見耶便以為推究得去恐未可也

又 丙申秋

五月間獲領華翰知履任平善良慰鄙懷副以佳儀足感至意聞潮士多肯向學此第一好消息聚講之願賢契恐不得辭然亦無可辭之理也來書又論及心性足知好學無已頗記往年奉柬已嘗有終恐難合之慮既各安所見驟難歸一曷姑置之大學未嘗

言性言至善矣正心乃止至善工夫至善果何物耶未易識也中庸未嘗言心言戒懼愼獨矣戒懼愼獨非心而何惟有心地工夫乃無失乎天命之正其言各有條理毫髮不差若欲援此以證心性之爲一物切恐未當孟子曰盡其心者知其性也者也兩字一呼一應安得混而無別乎且性乃生理今直認爲生意難道不錯理無形意有迹也此至精至微處非言可悉須自得之雖然賢契平日所聞蓄巳積滿胸中矣問辯雖勤匪虛捐受再三之瀆得無彼此俱失乎

惟加察焉是所望也

答陳靜齋都憲　丙申冬

辱書知嘗通覽拙記爲幸多矣奬借之過殊不敢當惟不吝切磋乃爲至愛承諭以人心道心之疑具悉尊旨然生之認道心爲未發非欲與朱子異也蓋潛心體認爲日久矣於是證以中庸之說其理甚明若人心道心一槩作已發看是爲語用而遺體聖人之言殆無所不盡也惟精是隨時省察工夫就人心而言惟一是平日存養工夫就道心而言蓋人心常動

動則二三故須察道心常定惟是一理故只消養平日既知所養又隨時而致察焉則凡人心之發無非天理之流行矣此天人之所以一也察即審也恐非二事施爲或謬其病只在本原若本原未純驗之雖勤無益也鄙見如此不審猶有窒礙否乎且朱子序中庸章句有云天命率性則道心之謂也註解有云大本者天命之性天下之理皆由此出道之體也夫既以大本爲天命之性以天命之性爲道心則道心明是未發而又以爲指其發於義理者而言則謂之

道心是原未有一定之論也將求所以歸于至一非
高明其誰望耶所舉黄勉齋答李貫之問似與鄙見
亦不甚同蓋渠論人心道心皆固守師説且分析太
過覺少混融之妙也所謂以理而動無迹可見故曰
微此言殊有病天下之動固根于理動必有迹安得
云微且既曰以理而動矣而又曰存之於内何言之
不一也將求所以歸于至一安得不深有望於高明
哉若夫先言人心而後言道心聖意所存固難臆度
但觀中庸之論中和亦先舉喜怒哀樂四者似皆欲

人據其可見之迹而求之則無聲無臭之妙庶乎可以默識不然卽恐茫然無處下手求之愈遠而反失之矣妄意如此姑備一說可乎久病初愈詞不逮意切冀尊裁倘有所疑不惜一一鐫諭尤感

又

續承教札摘示拙記中論敬一條謂此心必敬而後能操今曰操卽敬也似無所用其敬矣又謂主敬持敬如朱子所作敬齋箴其功甚密絕無罅隙如徒操而不敬未免欲密而反疎凡所疑於鄙說者其曲折

盡此數語然恐生之蔽於所見也乃備舉堯舜以來至於程朱數子凡其格言至論與夫實用工之方以開發之忠告善道何以加此感甚幸甚夫敬之一字誠千聖傳心之要典生雖不敏亦嘗與有聞焉何敢弗敬然考之吾夫子之訓但言敬以直內未嘗言主敬持敬也至程子始有此言然其曰操之之道敬以直內而已固夫子本意也詳味而已兩字只敬以直內便是操之之道敬外無操操外無敬謂必敬而後能操恐非程子意也若曰必敬而後能存則其義自

極是

明而於鄙說亦無可疑者矣主敬持敬爲初學之士言之可也非所以論細密工夫也何也謂之主敬非心其孰主之謂之持敬非心其孰持之夫敬實宰乎心而心反繫於敬欲其周流無滯良亦難矣一有滯焉安得直乎此生所以有欲密反疎之疑也初學之士其心把捉不定往往爲物所化以此爲訓蓋所以防之耳若論細密工夫無如操字之約而盡更不須道主敬持敬敬已在其中矣此致一之妙也生之從事於斯不爲不久凡諸儒先之訓見於大學或問中

敬字真訣

者皆嘗一一驗之果能常常提撕此心有不主於一而更他適者乎有不整齊嚴肅者乎有不常惺惺者乎有不收斂而復容一物者乎驗之數說旣無不合反而驗之身心若動若靜亦頗做得主宰於是始渙然自信以爲卽此是敬可無待於他求也是知操之一言乃吾夫子喫緊爲人處凡有志於學者果能奉以周旋日用工夫眞是直截旣無勞擾亦不空疎故特表而出之期與同志之士共學焉非立異也況朱子嘗因論敬直窮到底亦以爲要之只消一箇操字

到緊要處全不消許多文字言語是誠先得我心之所同然惜其混於多說之中莫或知此言尤爲切要者耳敬齋箴反覆詳盡委無罅隙然所謂動靜弗違表裏交正孰非操存之實乎恐不必將敬字別作一項工夫看也自領教札以來紬繹再三思有以仰承訓誨而終未能頓舍其舊又不敢曲爲之說以自欺爰竭愚衷以謝明教切磋之惠尚有望於嗣音幸無靳也

又

昨小僕同又承教札非志道之篤愛與之誠何能及此往復莫逆欣慰良多妙合而凝所舉張南軒之說甚當朱說似乎少異請更詳之如南軒之說合字自可不用也所以陰陽者道來教云理既是形而上者雖着所以字亦不妨此言良是區區之意但以爲不如伯子之言尤渾然無罅縫耳然所以兩字果看得透則所謂原來只此是道益了然矣大抵說到精微處愈難爲言謹此奉酬伏希裁擇

答陳侍御國祥　丁酉春

歲前祇領教札如獲百朋裁謝草草實緣匆遽使者
去後方得究觀天分之高學力之優志向之正隱然
皆有見於言外爲之降歎無已苐推與之過殊不敢
當遊於聖門自當守吾聖人家法爾人心道心之辨
僕於此用工最深竊頗自信朋友間往往疑信相半
只爲舊說橫在胸中今得高論爲之發明殆非小補
所云中庸言喜怒哀樂之未發則直謂之中言旣發
則必加中節而後謂之和此無他氣用事與不用事
此數言者尤爲切當明乎斯義則區區之說

自無可疑者矣僕嘗謂人心道心之辨明然後大本可得而立斯誠講學第一義高論首及於此而詞又足以達其意其有見哉又承論及佛氏與陸象山斯亦講學之所不容後者然彼此之論似乎小有未合敢略申之僕論佛氏有見於心無見於性高論亦旣在所取矣而又以爲責之甚恕豈非以佛氏之於此心見之猶有所未盡耶然旣云無見於性卽不得比於孟子之盡心矣僕謂象山亦然高論初以未悉爲詞旣而欲處之告子之列朱子固嘗以告子目象山

矣蓋以力制其心之同也然僕嘗細推之不能無別告子之不動心其心死其時未有佛氏但以燭理未明而墮於意見之偏高論以爲學焉而流者是也然其爲說初無以動人其害終小象山之不動心其心活蓋誠有得於頓悟之妙從源頭便是佛氏本來面目夫豈末流之失乎其人雖遠其說方行所以陷溺人心而蓁蕪正路者固君子之所深慮未可容易放過也請更詳之又承見諭因覽拙記至物格則無物數語心目間恍若有見惜於不久而晦而遂失之詳

味書詞足知乎日曾用格物工夫故一旦因所感觸似乎豁然有箇覺處其隨晦而失之者殆工夫欠接續之故耳惟是操存省察交致其功不使有須臾之間斷則晦者以明明者益顯自當久而弗失詩所謂學有緝熈于光明緊要處全在緝字也鏡路二喻皆出於先儒磨盡塵垢之昏則本體瑩然行到王國之中則萬方畢會此理固然無可疑者倘遺形器之粗憚積累之勞而欲徑探夫上達之妙却恐反生病痛妄意推測如此不識然乎又承有感於僕所論吳草

廬之言而深病夫近世學者妄議朱傳之失示及所嘗論辨之說甚是詳明自非留心正學安能及此夫世之妄議朱傳者其始蓋出於一二人崇尚陸學之私爲其徒者往往貪新而厭舊遂勇於隨聲逐響肆爲操戈入室之計姑未論夫至道就其師說亦何嘗有實見也浮誕之風日長忠實之意日微世道所關有不勝其可慨者矣然義理真是無窮吾輩之尊信朱子者固當審求其是補其微罅救其小偏一其未一務期於完全純粹而毫髮無遺恨焉乃爲尊信之

實正不必委曲遷就於其間如此則不惟有以服妄議者之心而吾心正大光明之體亦無所累且朱子之於兩程子何如其尊信也觀其註釋經書與程說亦時有小異豈非惟是之從乎然非極深研幾則所謂是者要亦未易言也僕資本中人學無師授管窺蠡測何足以究斯道之大全過蒙不鄙而惠之書反覆傾倒曾無少吝重惟盛意不可以虛辱因敢輒效其愚如此據高見所及加以培養之功將來所就固非朽拙所能量也夫培養深厚則所見益精言愈約

而味愈長，行愈力而事愈實，升堂入室，夫何遠哉。千里神交，卽同晤語，屬望之意，倍切惓惓，想蒙亮察。凡愚見所未及，更希有以見教也。不宣。

答劉貳守煥吾　丁酉冬

伻來，辱書儀之惠，多感盛情。審知官況淸佳，兼有捧珠之喜，尤用欣慰。書中諄諄以講學爲事，志誠篤矣。顧老朽連年卧病，茅且塞心，將何以奉酬高論乎？所舉學者須先識仁一段，以爲中間不曾拈出下手工夫。僕向時亦嘗有此疑，子細看來，須以意會。蓋首云仁者渾然與物同體義禮智信皆仁也中間又云訂頑意思乃備言此體此是明道先生分明指出仁體處學者便當就此下體認工夫果看得訂頑意思透時則章首兩言之義自當了然於心目間而存之者有其實矣不然更將孔子答諸弟子問仁之訓一一潛心體認真積力久庶乎其自得之仁固不外乎心然非可以淺近窺急迫求也今欲灼知仁體所在而從事於親切簡當工夫似頗傷於急迫蓋此理該貫動靜無乎不在故欲灼知仁體而存省交致其功則

先覺非覺字乎

善矣必欲灼知仁體所在而求其工夫之簡當有不墮於佛氏本來面目者幾希乍見孺子入井之心孟子明以為仁之端恐難作仁體看體用雖非二物然自有形而上下之分若以覺為仁則混而無別矣且覺之一字非惟孔子未嘗道及程子亦未嘗道及後學當安所取信乎鄙見如斯不容有隱更希詳擇拙記誤勞鄭使君翻刻恐累知言然詳味其題辭其篤信好學可想見已兩賢並處志同道合切磋之益豈少哉僕嘗念斯道難明同志難得乃因賢契又知有

鄭使君心之好之亦自有不能已者第無緣一會耳力疾裁復詞欠周悉幸惟亮之

復張甬川少宰　戊戌春

歲前小兒翊到家得所惠教札及盛製四編斯文至愛弗勝感荷審知道體安和尤用欣慰高明之學切於爲巳所造旣深而猶以講習爲事同聲之應亦何能巳第書詞過重殊非淺陋所敢當惟有以規正而助益之乃爲至幸大學中庸二傳辭皆精練正心之義與鄙見不約而同然拙記中僅能畧舉其端不如

高論貫穿前後本末兼盡晦翁復起殆莫之能易矣
敬服敬服但以靈覺爲性淺陋殊不能無疑拙記中
於此事論之最詳想未深契也切詳高意蓋以性不
外乎仁義禮智而謂靈覺屬智是以一之僕嘗驗之
文言貞者事之幹及中庸聰明聖知達天德二語在
人之智卽在天之貞是卽所謂天德明乎貞字之義
則智與靈覺殆不容於無別也明乎達字之義則聖
知與天德又不容於無別也蓋仁義禮智皆定理而
靈覺乃其妙用凡君子之體仁合禮和義幹事靈覺

之妙無往而不行乎其間理經而覺緯也以此觀之可以見心性之辨矣此義理本原不容有毫髮差互請更詳之且高論亦有非性何靈之有一言是明有賓主之分蓋心之所以靈者以有性焉不謂性即靈也僕嘗言天地間非太極不神然遂以太極爲神則不可即此義也夫賓主之分乃其理之自然是以雖欲一之而語脉間自不能無對待之勢不可得而一也吾輩所當明辨者無切于此辱愛之厚不敢不盡其愚庸備裁擇僕晚而學易殊欠浹洽詳讀高論啓

發良多蓋皆得於精思熟玩優游厭飫之餘决非工為籠罩者所能到也間有一二稍逆于心想只是本原處所見未一恨無由相與細講之爾春秋說初讀便快愈讀愈快有如是學識須得如是筆力以發之力救胡氏之偏盡洗從來穿鑿之弊其有補於春秋不為少矣僕於此經未及明習然所謂據事直書而得失自見鄙意素亦云然以此意求之所見固應脫灑加之文字縝密行遠何疑嘆賞之餘因欲求正一兩事如孔父仇牧荀息之死諸傳皆以為聖人與之

反覆推尋深所未喻三人者惟仇牧事迹欠詳如孔父徇其君以殞武殃民苟息徇其君以廢嫡立庶皆釀成弒逆之禍罪莫大焉縱其大罪而取其小節豈所以垂訓於萬世乎又況義形于色及不畏強禦之云考之左傳俱未見得不知書及之意果安在也跂聞高論以決鄙疑老病交侵神疲力乏乘便修復不能究所欲言者千萬亮之臨楮惓惓尤冀爲斯文寶重不宣

困知記附錄卷之五終

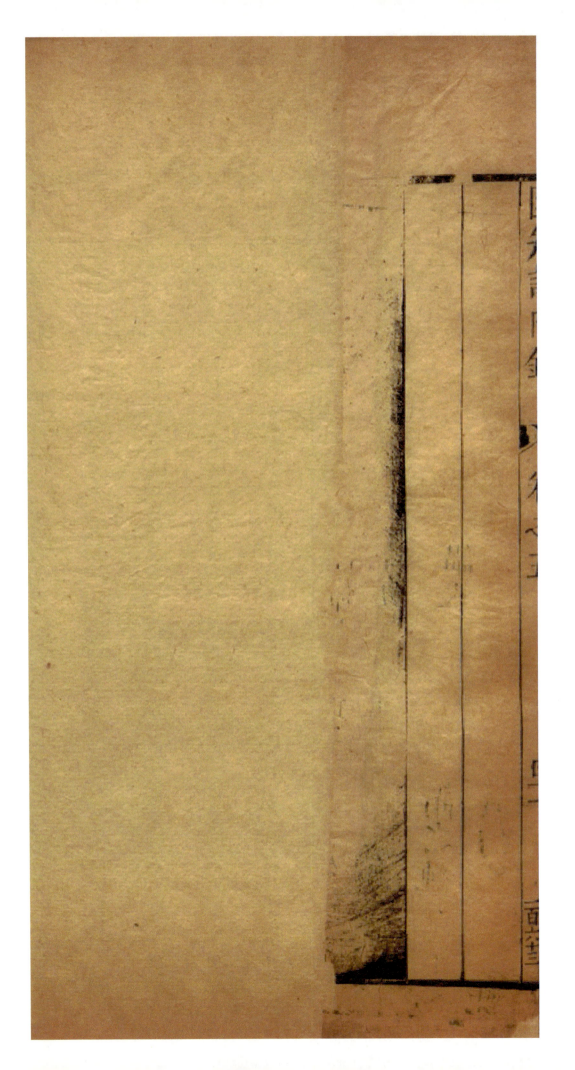

困知記附錄卷之六

明　泰和羅欽順允升父著

同邑後學　歐陽照文白父
　　　　　楊嘉祚邦隆父　仝校

眞州後學陳夢賜爾旭父編次

嗣孫　珽仕傒符父
　　　琁仕穉白父　重梓

答陸黃門浚明書戊戌秋

七月二十日得六月十日書後數日方得五月十九

日書震澤長語及重刻拙記皆如數收領感慰兼至跋語簡重嚴健意味深長識者無不嘆服但推與之過殊不克當爾拙記恐未足傳乃勞重刻原執事之所用心惟欲共明斯道以盡吾儒職分之常初非有所私於老朽老朽亦安得以其私謝第心識之審知文僕清佳績學不倦尤慰懷想爲己之學最是涵養體認工夫嘗要接續記覽考索皆其次爾想高見具悉無僕鄙言茲因蕭掌教先生處人行敬此奉復別錄所疑一一條答如左義理無窮識見有限有所未

合當再商量弗明弗措煩數非所討也

程伯子論生之謂性章

此章曲折頗多僕嘗反覆推尋覺得纔說兩字正與不容說三字相照應纔說性時便已不是本然之性則所謂不容說者非本然之性而何若以爲指天道而言則此章大旨本因論性而發既詳於氣稟却無一言說着本然之性而遽推及天道恐非程子意也凡人說性只是說繼之者善也孟子言人性善是也此三句蓋以申明纔說性時便已不是性之意繼善

乃借用易中語指人性發用處而言意謂凡人說性只說得發用處爾孟子道性善亦只是就發用處指出示人觀乎乃若其情則可以爲善等語分明可見若夫本然之妙畢竟不容說也然孟子雖就發用處指示正欲學者泝流窮源以默識夫本然之妙如告子輩則遂認取發用處執以爲性竟不知有人生而靜一層此其所以卒成千里之謬也拙記中又以感物而動一言申繼善只是要將動靜兩字說教理一分殊分曉理一便是天地之性分殊便是氣質之性

與高見亦何異乎然天地之性須就人身上體認體認得到則所謂人生而靜所謂未發之中自然頭頭合着矣遠塵誨諭研究再三而說來說去終是舊時見識不知理果盡於此乎抑固而未化也便中更希明示

凡言心者皆是已發章

人心道心看得甚好必使道心常存而人心之發每不失其正焉此言尤當希賢希聖更無他法但當力踐此言而已願相與勉之

新刻楞伽經序章

憂深慮遠拙記偶未及此當思所以處之

能者養以之福章

養之以福僕於此句平日有疑因讀漢書作養以之福其疑遂釋若曰養之以致福理無不通但須增一致字爾古人屬辭固不必一一對待然經書語句多有對得整齊者要之只是順理成章非有意也

通書義精辭確章

愛固不足以盡仁而仁實愛之理所以最難爲言來

書所疑未爲過也但博愛之謂仁太說殺了愛曰仁語意却較寬平與孟子惻隱之心仁也相似要之終有所未盡耳中也者和也中節也天下之達道也其意蓋以發而中節之和爲中中字該貫體用在人如何用耳中也者一句與上文剛善剛惡柔善柔惡是一類此處恐不必置疑

天道之變盡於春夏秋冬章

此前一章已嘗論及邵學大意亦可見矣元會運世之說都是從數上推出初非杜撰小則一歲大則一

元參伍錯綜其說皆有修理若比之鄒衍迂誕之談
佛氏宏闊之論切恐太過但其學不傳無由通知其
本末耳高論甚實僕無得而議之經綸世變乃邵書
本旨皇帝王伯雖則並稱而等級至爲嚴密其以易
書詩春秋爲聖人之四府雖未及儀禮周禮然有禮
樂汚隆乎其間一言說得却無滲漏其前後議論諸
儒道不到處頗多間有一二未純瑕瑜自不相掩也
若其妙達天人之蘊朱子特深知之所著贊辭稱其
手探月窟足躡天根其必有所見矣大抵吾輩博觀

羣籍於凡所可疑者不得不疑可信者不容不信但嘗以義理爲之權度耳

或問楊龜山易有太極章

中字非所以訓極字而所謂太極者常在天地萬物之中只要人識得若識得破時中央之中與未發之中無非太極之本然也

梁武帝問達磨章

達磨以造寺寫經並無功德宗杲以看經念佛爲愚人來書謂其本意只是要人學他上一乘法在彼敎

中高處走耳極看得破然所謂並無功德及愚人等
語皆是眞心實話不知不覺從天理上發出來僕是
用表而出之以警悟世之迷惑者耳彼雖異端天理
如何泯滅得但由之而不知非過許也

元之大儒稱許魯齋章

君臣之義無所逃於天地間魯齋生長元之土地元
君則其君也況所遇者世祖素知尊孔子重儒文其
賢亦未易得必欲守隱居不仕之節恐非義理之正
也且魯齋之出志在行道當時儒者之道不廢雖未

必盡由魯齋然開導從吏魯齋不爲無力一有不合輒奉身而退視榮利若將浼焉聖門家法未之或失此僕之所以有取於魯齋也設使身非元民君非世祖則高論斷不容易拙見如此未知當否請更詳之

答林正郎貞孚　己亥秋

劉石竹憲副過家專人送到手札及盛製兩編開封細讀志同聲應如獲至寶且聞侍奉吉慶欣慰兼至曩在仕途雖未及親接間獲見一二篇什心固已奇之矣比審居閒日久造詣益深藏器待時尤用嘉歎

僕進修不力徒事空言以管窺天見則有限何足重煩賢者之箋釋哉適增愧耳究觀高論大抵天資明快故得之不見其難才思清通故言之能暢厥旨於鄙見雖或有合而獨得之妙亦不苟同講學固當如是承欲加之切磋顧學未成而耄已及將何以少副愛與之盛心乎勉摭舊聞姑用塞責不自知其可否也幸相與訂之凡大意相同者皆不贅今士風日靡異說瀾翻非有卓然不惑之君子其何能定僕老矣所望於賢者益堅任重道遠之志篤致深潛縝密之

功以振斯文以式來學將不止爲一世之士而已山川間阻艮覿無由倘不惜嗣音尤爲至幸

上卷首章

開卷數語似乎用意過深德字形字驟難理會想必有說也

第四章

謂體用動靜道心人心皆有之恐誤也道心性也性爲體人心情也情爲用體常靜用常動此自然之理非有意於分別也但觀樂記人生而靜感物而動二

語及伊川顏子所好何學論便是明證無可疑者
看來此段却是未悉區區人心道心之說拙記綱領
只在此四字請更詳之　應妍應媸之說固未當
鏡明鏡昏之喻亦未盡蓋道心常明其本體然也人
心則有昏有明凡發而當理即是人心明處發不當
理却是昏處不可道人心一味是昏也

第五章

謂佛氏別是一教不當以吾儒之心性倫理與之並
言朋友間亦嘗有此說殊不知鄙意正要將來與之

並言方見得是非分曉不然則毫釐差處無從辨别終無以服其心而解其惑也

第六章

物各付物一以貫之似說聖人分上事宜更從天理上研究方見得理一分殊無非自然之妙也各親其親各長其長便是各私其身之說非自下學不誠者言也

第七章

格物既主朱子之說又有取於陽明何也二說果可

通用乎

第十一章

理氣二字拙記中言之頗詳蓋誠有見其所以然者非故與朱子異也今高論所主如是亦難乎其爲言矣但氣强理弱之說終未爲的因復强綴數語語在下卷第十九章所疑理散果何之似看鄙意未盡記中但云氣之聚便是聚之理氣之散便是散之理惟其有聚有散是乃所謂理也並無理散之言此處只爭毫釐便成二義全要體認精密也

第十四章

性之所以難言者只爲理字難明往往爲氣字之所妨碍耳天地之性氣質之性宋諸君子始有此言自知性者觀之固可默識在初學觀之有能免於鶻突者幾希何也夫性一而已矣苟如張子所言氣質之性君子有弗性不幾於二之乎此一性而兩名僕所以疑其詞之未瑩也若以理一分殊言性較似分明學者較易於體認且於諸君子大意亦未嘗不合也高論謂理一卽本然之性分殊卽氣質之性特異其

言耳此言誠是謂一性兩名猶在則未然只是一箇理字何從更有兩名乎況章末又申明其義云其分之殊莫非自然之理其理之一常在分殊之中决不至鶻突人也所舉三聖及羣賢論性之言中間儘有曲折正宜講求歸一而顧未之及末後一段雖詞意高遠止是賛性之善終未見有以盡諸說之異同也

第十五章

非樂於細碎但恐語焉而弗詳此理終不明耳善觀者從細碎處收拾來自然打成一片苟不善觀無惟

其惑也

第十八章

足見用心更得數語發揮其所明者尤善

第十九章二十章

吾夫子贊易千言萬語只是發明此理始終未嘗及氣字非遺之也理即氣之理也賢友往往將理氣二字並說左顧右盼惟恐有失不亦勞乎須求其所以然可也拙記嘗再續於就氣認理之說又頗有所發明恐未及見輒以一部奉寄或可參看也

第二十四章

無物只是不爲物所蔽不以辭害意可也

第二十五章

顔子喟然之嘆先儒嘗意其在請事斯語之後矣此非大意所關不必深泥但看朱註至明至健兩言若非見得禮字分明將何以致其決也

第三十一章

天地之大德曰生生生之謂易性命之理不出乎此上下之察朱註明以化育爲言可謂深得其旨矣造

端乎夫婦蓋就人事之近而指言其本始察乎天地即此端之極致不容復有兩端三端也今謂生化之源乃其一端則造端二字當別有所指矣可得聞乎

第三十五章

未發之中程子所謂亭亭當當直上直下之正理是也見得到便信得及以偏全清濁爲說失之遠矣太極之義附錄中所答陸黃門書亦有數語可叅看拙記雖無次序却有頭腦前後都相貫穿只要看得浹洽耳

第四十章

窮理所以格物似乎倒說了

第五十三章

經界之法古以均田後世則以之均賦中間曲折亦不盡同然行之得人爲利誠亦不少

第六十四章

泉之源不知亦有濁否卽有之將來此性不得程子曰人生氣稟理有善惡然不是性中有此兩物相對而生其言至矣第三句須着意理會

第六十五章

附錄中所答陸書亦嘗論此一段可參看何如高論雖詳似乎未悉鄙意僕所不能無少異於朱子者只是以上二字其他無不同也

第七十九章

所謂理氣二物亦非判然爲二未免有遷就之意既有強有弱難說不是判然夫朱子百世之師豈容立異顧其言論間有未歸一處必須審求其是乃爲善學朱子而有益於持循踐履之實耳且如中庸章句

所解天命之謂性是人物之性一而已矣孟子集註所解犬牛與人之性又不免於二之有志於學者但草草讀過可乎大凡兩說之中必有一說至當果見得到雖有從有違自無害其爲尊信也不審高見以爲何如

下卷首章

○愚之本意葢謂

聖祖雖明二氏之學而其所尊用以爲萬世無窮計者惟吾儒之道而已葢誠有見乎二氏之學不足以

經世不足爲有無此其所以爲大聖人之見而聖子神孫所當守爲家法者也高論似未詳此曲折反若有取於二氏然者誠恐害事切希改而正諸

第二章

謂易只爲卜筮而作鄙見終不能無疑後儒之論恐難盡廢也

第四章

卦德卦體卦象卦變孔子以前此說有無不可知彖傳則分明可見非出於後儒之分析也高論每到分

析處多不甚取似微有厭繁喜徑之意朱子不曰析之極其精而不亂然後合之盡其大而無餘乎

第七章

以後得主爲句當俟精於易者決之

第十七章

兩性字微覺不同前一性字當作性之欲看後一性字却是本然之性

第十八章

畢竟不識本然之性

第十九章

此章之說未然謂造化樞紐品物根柢指本原處而言亦過於遷就矣豈有太極在本原處便能管攝到得末流處遂不能管攝邪是何道理其以形體性情君子小人治亂禍福證氣強理弱之說皆未爲當孟子曰莫之爲而爲者天也莫之致而至者命也程子謂此二言便是天理此乃超然之見理氣更安得有罅縫耶試精思之一旦豁然將有不知手之舞之足之蹈之者矣

第二十一章

周子在程朱之上恐未易言二程所以有功於聖門有功於後學者第一是辨異端闢邪說使聖道既晦而復明學者不迷其所向豈小補哉不知周子緣何却欠此一節且天地造化之妙聖學體用之全易中言之甚悉太極圖說殆不能有所加也推崇之過聽者能無惑乎

第二十四章

經緯之說是矣然區區未嘗疑此二言

第三十五章

此兩言既在所取宜有定見不可爲一物不可爲二物竊疑所見猶未定也

第三十八章

伯子又云所以謂萬物一體者皆有此理只爲從那裏來生生之謂易生則一時生皆完此理人則能推物則氣昏推不得不可道他物不與有也觀乎此言可見記者初未嘗誤此義理本原精深至論未可草草看過也且高論既疑物之偏恐不能有何又云人

物之生理同而形異耶槩要尋究人物俱有知覺而所知所覺者則不同可見理一而分殊矣

第四十一章

今之禪學有類淸談誠哉是言也殷監不遠尚類憂世之君子相與救之於未然

第四十二章

終以盲廢一言似欠温厚有以潤色之爲佳

第四十四章

此章之言似乎未甚經意請更詳之

第四十九章

可謂深知白沙者矣論學術不得不嚴論人才不容不公使白沙見用於時做出來必有精采

第五十一章

性書中有五行之生各一其性辨考究體認煞用工夫覺得朱子之言不無窒礙但渠於性命之理終未能究見端的若有的見則於窒礙處須有說以通之必不爲理氣兩字所纏絆也

第五十三章

此章之說賢友至以爲盜得法相難可謂直窮到底據鄙見爲盜得法是一道也此正當理會處理會得透方見斯道之大全

第五十四章

傳習錄中附載陸原靜疑問有云中也寂也公也旣以屬心之體則良知是矣今驗之於心知無不良而中寂大公實未有也又論照心妄心謂妄與息何異今假妄之照以續至誠之無息竊所未明以此見其儘會思索若能再進一兩步竊恐終難契合未必不

爲朱門之曹立之也意蓋以此望之非賢友見疑無
由盡此曲折益以見立言之未易也

第五十五章

格物通近方見之不意其侮聖言一至於此

第五十七章

三百八十四爻俱要看得箇道字分明方是實學且
如屯之九五居中得正而大貞凶豫之九四既不正
又不中而大有得食前方丈豈容一口併吞之耶

第六十章

謂金針爲秘法而非心見之明矣彼指金針爲心者果不明耶殆不誠矣不明之過小不誠之罪大

第六十四章

旣與孔氏異恐不得爲聖人之徒矣

第六十九章

畢竟消滅前代姑未論國初所見如周顛仙張三丰者今安在耶

復南豐李經綸秀才　巳亥冬

地之相去殆千百里兼素昧平生忽屢專使貽書脉

具詳所以不幸適有長孫之戚勉強披閱乃知足下之有志於道也來使繼出盛製一編亦勉閱一過才氣充溢筆勢翩翩開合廻旋每極其意之所至大要以崇正抑邪爲主誠有志哉老病忘言久矣方抱哀悰又眩於高論茫然不知所以爲答也顧來書末簡有指合玄微於談笑間一言殊覺傷易道之精微豈談笑間可盡乎觀所用合字之意蓋已自信不疑故繼以天地間大快之語高論雖不爲無見多涉安排恐當尚有進步處也。又讀書記中論及考亭有云見知至之先六事而昧乎知不越於明新物不出乎人已則汎觀萬物之言碍又云致知之論不根至善窮高極廣中材阻難此非老拙之所知也切詳大學章句其釋至善之義云事理當然之極釋格物之義云窮至事物之理欲其極處無不到事物之理即前所謂事理極處之極即當然之極非有二也總論又云物格知至則知所止矣意誠以下則皆得所止之序也首尾渾融絕無滲漏足下無乃玩之未熟而輕於立論乎至誠盡性極於賛化育參天地不明萬物之

整庵攻人不緩

理安能贊天地之化育乎萬物之理與人已之理容有二乎至以知言有愧議考亭尤恐獲罪於天下後世之君子考亭嘗舉禪語以警學者云諸人知處良遂總知良遂知處諸人不知真知考亭固難然自知亦非易事願足下慎之損議論之有餘務誠明之兩進急於爲己緩於攻人足下所從事者其或在此以此奉酬雅意不識可乎惟加察焉幸幸

答湛甘泉大司馬　庚子秋

宦成志遂身退名完古今若此者能幾人向聞解組

榮歸深用爲故人喜老病不能出擬專人奉候久之未有來耗邑中忽差人送至教札始知嘗爲武夷之遊暮宿澄江侵晨遂發追候不及悵怏可言別楮誨諭諄諄極感不外第慚固陋終未能釋所疑僕素聞白沙先生人品甚高抱負殊偉言論脫洒善開發人問嘗與朋友言使白沙見用於時做出來必有精采夫以私心之所歆慕如此安肯肆情妄議以眩夫人之觀聽耶其以禪學爲疑誠有據也蓋白沙之言有曰夫道至無而動至近而神又曰致虛所以立本也

執事從而發明之曰至無無欲也至近近思也神者天之理也凡此數言亦既大書而深刻之固將垂諸百世以昭示江門之教茲非可據之實乎易大傳曰一陰一陽之謂道又曰陰陽不測之謂神程明道先生曰上天之載無聲無臭其體則謂之易其理則謂之道其用則謂之神聖賢之訓深切著明如此今乃認不測之神以為天理則所謂道者果何物耶其於大傳與明道之言殊不合矣中庸曰中也者天下之大本也又曰致中和明道先生曰中者天下之大本

天地間亭亭當當直上直下之正理出則不是惟敬而無失最盡是則致中乃所以立本也敬而無失乃所以致中也今謂致虛所以立本其於中庸與明道之言又不合矣中字虛字義甚相遠潛心體認亦自分明虛無津涯中有定止譬之於秤中其定盤星也分斤分兩皆原於是是之謂本把捉得定萬無一失是之謂立若乃無星之秤雖勞心把捉將何所據以權物之輕重乎此理殆不難見也夫隨處體認天理一言孰云非是顧其所認以爲天理者未見其爲真

切也僕安得而不疑乎禪學始於西僧達磨其言曰淨智妙圓體自空寂千般作弄不出此八字而已妙圓之義非神而何寂空之義非虛而何全虛圓不測之神又非白沙之所嘗道者乎執事雖以爲非禪吾恐天下後世之人未必信也且吾聖人之格言大訓布在方冊皦如日月浩若江河苟能心領而神會之信手拈來無非至理今觀白沙之所舉示曰無學無覺曰莫杖莫喝曰金針曰衣鉢曰迸出面目來大抵皆禪語也豈以聖經爲未足須藉此以補之耶先儒

有言佛老之害甚於楊墨孟子於楊墨之淫辭直欲放而絕之所以閑先聖之道者其嚴如此白沙顧獨喜禪語每琅琅然為門弟子誦之得無與孟子異乎欲人之不見疑其亦難矣來書謂以白沙為禪者皆起於江右前輩僕亦江右人也執事豈意其習聞鄉評遂從而附和之耶何椒丘張古城胡敬齋固皆出於江右若李文正公乃楚人而生長於京師謝方石章楓山則皆越人亦皆以禪學稱白沙何也夫名依實而立者也苟無其實人安得而名之諸君子多善

白沙而名其學如此亦必有所據矣執事盍及而求之所辨居業錄中兩條細記中頗嘗論及今又增入夜氣之說反覆研究終是不同蓋夜氣之所息其用力處全在旦晝之所爲不在靜中也僕與執事相知垂四十年出處差池無緣一會往年嘗辱惠問亟以書報兼叩所疑竟未蒙回答今皆踰七望八而僕之衰憊特甚舊業益荒忽枉誨言喜踰望外使於此稍有嫌忌而不傾竭所懷則於故人愛與之至情不爲無負矣是以忘其固陋而悉陳之固知逆耳之言異

於遜志然與人爲善實君子之盛節也如曰未然更希申論若夫理氣合一之論未審疑之者爲誰自僕觀之似猶多一合字。其大意正與鄙見相同無可疑者知僕之無疑於此則前此所疑或者未爲過乎兩詩詞意俱超諷誦無斁第陽春白雪難於奉和耳不宣

附湛甘泉原書　原本有誤字落字

水又頓首言人多言整菴公指白沙先師爲禪水謂白沙先生非禪也第一指教之初便以孟子必

有事焉而勿正心勿忘勿助長爲標的又以明道學者先識仁一段末亦以孟子此段爲存之之法及水自思得以書稟問天理二字最爲切要明道云吾學雖有所受然天理二字却是自家體貼出來李延平教人默坐澄心體認天理水以爲天理切須體認日用間隨處體認天理便合有得先師喜而以書答水曰得某月日書來甚好讀之遂忘其所也日用間隨處體認天理着此一鞭何患不到聖賢佳處也夫禪者以理爲障先師以天理之

學爲是其不爲禪也明矣又將講之初發嘆曰三十年不講此學講畢水進問云張東所係門下高弟如何三十年不講先生答云此學非是容易講得東所尋常來只說些高話渠不曾問某亦不語之自林緝熙出去後遂無人問某亦不講矣後水歸羊城會晤東所甚見喜忽問曰白沙村有一古氏婦人如何水答曰聞只坐忘蓋此婦孀居學佛靜坐故也東所搖首云不然不然三教本同一道水於言下即知其未聞白沙先生爲的也嗣

後遂往往與之辨論儒釋彼不以爲然白沙先生聞之面語水曰東所是禪矣但其人氣高且莫攻之恐渠不轉頭無益也據此則白沙先生之非禪又明矣以爲禪者皆起於江右前輩白沙先生自得之學發於言論不蹈陳言遂疑是禪胡敬軒居業錄有二處一以答東白先生書藏而後發之語爲禪水辨之曰然則中庸溥博淵泉而時出之者亦禪矣乎一以靜中養出端倪之語爲禪水辨之曰然則孟子夜氣之所息及擴充四端之說亦禪

矣乎蓋人之心天理本體具存梏之反覆則亦若無有矣實未嘗無也夜氣養之則本體端倪發見乎旦之氣好惡與人相近者是也見此端倪遂從此涵養擴充盛大則天理流行矣何以謂之禪後世必有能辨之者非慮後世人遂以白沙先生爲禪足累白沙先生也恐後世聖者復作遂疑疑之者之未見也至於疑水以理氣合一之說此說蓋自水發之而具存於古訓也孟子曰有物必有則物其氣也則其理也又曰形色天性也形色其氣

也天性其理也又曰其爲氣是集義所生者氣其氣也義其理也又前所舉夜氣之所息平旦之氣其好惡與人相近者平旦之氣其氣也好惡與人相近理也至於手容恭足容重手足氣也其恭重理也一一合觀之理氣何嘗有二乎今水也與函丈皆老矣故以既不得面請敎而以墨卿爲道區區乎昔之所欲言三四十年之所積疑者敢以附于起居之後幸垂詳焉悚息悚息謹啓

與林次崖憲僉　辛丑秋

頃承光顧極感高誼山鄉牢落愧無以爲禮匆匆就
別甚欲追送十數里以少盡薄情而筋力不逮第深
悵怏而已隨得留別及留題中墅高作三首次日又
得所與貴同年馬宗孔辨書時一展玩宛然故人之
在目也用此爲慰理氣之論因抽疾艱於往復未及
究竟此心缺然執事理學素精曾不以僕之衰朽空
疎見棄弗明弗措正在今日敢復有請計不以爲瀆
也僕從來認理氣爲一物故欲以理一分殊一言蔽
之執事謂於理氣二字未見落着重煩開示謂理一

分殊理與氣皆有之以理言則太極理一也健順五常其分殊也以氣言則渾元一氣理一也五行萬物其分殊也究觀高論固是分明但於本末精粗殊未睹渾融之妙其流之弊將或失之支離且天地間亦恐不容有兩箇理一太極固無對也執事又舉形而上下兩句謂孔子嘗以理氣並言僕以只是一箇形字奉答亦未蒙開納近細思之此論最是精微多言未必皆中但當取證於聖賢之明訓爾易大傳曰易有太極是生兩儀兩儀生四象四象生八卦夫太極

形而上者也兩儀四象八卦形而下者也聖人只是
一直說下來更不分別可見理氣之不容分矣中庸
曰大哉聖人之道洋洋乎發育萬物峻極于天優優
大哉禮儀三百威儀三千夫發育萬物乃造化之流
行三千三百之儀乃人事之顯著者皆所謂形而下
者也子思明以此為聖人之道則理氣之不容分又
可見矣明道程先生只此是道之語僕已嘗表出還
有可為證者一條形而上為道形而下為器須着如
此說器亦道道亦器是也合此數說觀之切恐理氣

終難作二物看據大傳數語只消說一箇理一分殊亦未爲不盡也請再加叅酌求一定論因風見教至感辯書議論甚正卽其詞而味其旨其淵源所自非陽明卽甘泉高見固已先得之矣僕與王湛二子皆相知蓋嘗深服其才而不能不惜其學術之誤其所以安於禪學者只爲尋箇理字不着偶見如來面目便成富有而其才辨又足以張大之遂欲挾此以陵駕古今殊不知只成就得一團私意而已嘗見傳習錄有云於事事物物上求至善却是義外至善是心

之本體又云至善卽是此心純乎天理之極便是更
於事物上怎生求以此知陽明不曾尋見理字又嘗
見雜語有云天理只是吾心本體豈可於事物上尋
討以此知甘泉不曾尋見理字二子平生最所尊信
者莫過於明道先生其遺書具存不知緣何都不照
勘乃爾相反明道先生曰所以謂萬物一體者皆有
此理只爲從那裏來生生之謂易生則一時生皆完
此理人則能推物則氣昏推不得不可道他物不與
有也又曰萬物皆備于我不獨人爾物皆然都自這

裏出去只是物不能推人則能推之詳味此言便是各正性命之旨便是格物第一義二子都當面蹉過謂之尋箇理字不着可不信乎抑程子止言物爾未及於事只如俗說殺人償命欠債還錢則事事皆有定理亦自可見斯理也在天在人在事在物蓋無往而不亭亭當當也此其所以爲至善也果然尋得着見得真就萬殊之中悟一致之妙方知人與天地萬物原來一體不是牽合惟從事於克己則大公之體以立而順應之用以行此聖門之實學也若但求之

於心而於事物上通不理會厭煩而喜徑欲速而助長則其囘光反照之所得自以爲千載不傳之秘者圓覺固其第一義矣儒書中僅有良知一語大意略相似陽明於是遂假之以爲重而謂良知即天理孟子何嘗指良知爲天理耶是誣孟子也嘗閱陽明文錄偶摘出數處凡用良知字者如其所謂輒以天理二字易之讀之更不成說話許多聰明豪爽之士不知緣何都被他瞞過可嘆也夫如答陸元靜有云能戒慎恐懼者是天理也答顧東橋有云所謂善惡之

機眞妄之辯者舍吾心之天理亦將何以致其體察乎答南元善有云耳而非天理則不能以聽矣目而非天理則不能以視矣心而非天理則不能以思與覺矣答歐陽崇一有云天理發用之思自然明白簡易天理亦自能知得若是私意安排之思自是紛紜勞擾天理亦自會分別得蓋思之是非邪正天理無有不自知者答魏師說有云能知得意之是與非者則謂之天理諸如此類非徒手足盡露誠亦肺肝難掩曾不自考顧乃誣孟子以就達磨裂冠毀冕拔本

塞源言之可爲痛恨其自誤已矣士之有志於學而終不免爲其所誤者何可勝計非有高明特立之君子以身障其流而撲其焰欲求斯道大明於世其可得乎僕懐此有年病臥空山無可告語茲因辯書所感發不覺喋喋同聲相應亦自然之理也距詖行放淫辭在吾次崖何用多祝惟冀推廣此意俾後學皆知所向而弗惑於他岐斯道斯民庶乎其有攸賴爾三詩皆依韻奉答別楮録呈意溢詞凡伏希覽正

再答林正郎貞孚 壬寅春

舍親歐陽銀臺及曾進士先後過家連得教札兼承
道履佳勝甚慰渴仰之私所惠續記箋重箋福絹俱
奉領訖珍感珍感往年附呈謬說誠不自知其可否
姑藉此以爲受教之地過蒙不鄙一以高見決之使
得因其所明益求其所未至愛與之厚莫或加焉細
閱重箋可否大約相半其所可者亦既歸于一矣其
所否者在僕之愚或猶未免滯於舊見尚容子細推
尋以卒承君子之教再三之瀆今則有所未敢也惟
是第四章道心之說第三十五章未發之中之說實

惟義理本原聖學綱領不容有毫髮差互而彼此議
論參差乃爾欲求斯道之明其可得乎輒敢復效其
愚以求歸一之論討亦在所欲聞而不厭也夫所謂
道心者果何自而有耶蓋人之生也自其禀氣之初
陽施陰受而此理即具主宰一定生意日滋纏綿周
匝遂成形質此上智下愚之所同也其名爲道心其
實即天理彼未嘗學問者雖不知天理爲何物天理
曷嘗有須臾之頃不在其方寸中耶蓋無爲之宰譬
如形影之相隨是以雖其昏擾之極而至微之體自

有不容離者不然則所謂我欲仁斯仁至矣是從何處來耶善學者固當默而識之矣今詳高論乃謂常人滿腔子皆利欲之心是體固人心也用亦人心也夫何有於道無乃見其末而遺其本乎若夫未發之中僕嘗即道心驗之其義一而已矣苟明乎道心之說則未發之中自可不言而喻今猶未也當就高論之所及者講之高論有云常人未發之中有則有之決與聖人未發之中異此言誤矣中爲天下之大本大本即天命之性果如高論是天命之性有二矣豈

其然乎蓋聖凡之所以分繫於大本之立與不立而所謂大本者初未嘗有兩般也高論又以未發之中人物皆有之說爲疑豈不聞乾道變化各正性命初無分於人物耶未發之中性命之實體也何獨歸之於人而疑物之不能有耶固知中和本指只就人身而言然吾人講學須是見得此理通乎天人物我而無間方盡中庸一書之義方可進於萬物一體之仁不然則鳶飛魚躍於人有何干涉子思纔一拈出程子便指爲喫緊爲人處耶斯義也揣記中言之頗詳

且嘗取證於明道先生之言以見其非臆說執事亦旣聞之矣倘不終以過高自是見疑而特加之意焉幸甚幸甚若此論未能歸一其他合處雖多終是無頭腦學問終非完全之物誤蒙愛與不敢不盡其愚友道當然無嫌可避也至若造端之說所以不同盖僕常玩味此章似乎只是發明道體不曾說到做工夫處故於造端二字只就生化上立說高論自君子之道法乎天地以下却是修道工夫或問中亦有此意但求之子思本旨似乎不甚合耳然二説各是一

義殆不相妨非如道心及未發之中斷不容不歸于一說也

答林次崖僉憲　壬寅冬

鄉親劉司訓處人回送到手書甚慰饑渴書詞泉湧所以開發愚陋者殆無遺論眞可謂切切偲偲者矣感佩感佩僕雖不敏然從事於程朱之學也蓋亦有年反覆參詳彼此交盡其認理氣爲一物蓋有得乎明道先生之言非臆決也明道嘗曰形而上爲道形而下爲器須着如此說器亦道道亦器又曰陰陽亦

形而下者而曰道者惟此語截得上下最分明原來只此是道要在人默而識之也竊詳其意蓋以上天之載無聲無臭不說箇形而上下則此理無自而明非溺於空虛卽膠於形器故曰須着如此說名雖有道器之別然實非二物故曰器亦道道亦器也至於原來只此是道一語則理氣渾然更無罅縫雖欲二之自不容於二之正欲學者就形而下者之中悟形而上者之妙二之則不是也前書雖嘗舉此二條只是帶過說今特推明其意以見其說之無可疑惟是

默識心通則有未易言者耳凡執事之所爲說率本諸晦翁先生僕平日皆嘗講究來亦頗有得謂是理不離乎氣亦不雜乎氣乃其說之最精者但質之明道之言似乎欠合說來說去未免時有窒礙也姑借來書父子慈孝一語明之夫父之慈子之孝猶水之寒火之熱也謂慈之理不離乎父孝之理不離乎子已覺微有罅縫矣謂慈之理不雜乎父孝之理不雜乎子其可通乎抑尤有可疑者曰以氣言之則如何如何以理言之則如何如何道器判然殆不相屬然

則性命之理果何自而明哉良由將理氣作二物看是以或分或合而終不能定于一也然晦翁辨蘇黃門老子解又嘗以爲一物亦自有兩說矣請更詳之細閱來書於明道之言看得似别蓋其意本歸于一高論乃從而二之於子思之言看得又别以發育萬物禮儀三百威儀三千爲道之所生不是就把此當道如此是器外有道矣是子思語下而遺上矣豈其然乎然則謂子思去了太極生兩儀一段只就天地上說起乃是箇無頭腦學問未論誣與不誣只恐子

思子復起不肯承認抑未聞天地之外別有所謂太極也豈其急於立論而偶未及致詳耶書末所云如不用格物致知之功而徒守理一分殊之說切恐秪爲無星之稱無寸之尺非可與議精義入神之妙也此言却甚當近時學術多是如此區區拙學於鳶魚花竹亦嘗用心理會頗見其所以然者而況於仁敬孝慈之類人道大倫安敢忽也然分之殊者易見而理之一也難明且如乾之亢龍坤之龍戰其爲凶惡不待言矣而至精之理未嘗不在執事以爲然乎否

予必於此等處皆灼見其所謂一者方可謂之精義入神不然雖毫分縷析猶爲徒博也歲中多病酬答甚艱而諄諄之誨不可以虛辱力疾布此大意粗白愧不能詳也倘猶有疑更希嗣教不宣

答林次崖第二書　甲辰夏

鄉親劉長教過家得四月望日書再承理氣之教慰感兼至書詞累幅遇警策處老目輒爲之增明然究其指歸總是不離不雜之說僕前書頗嘗推言其窒礙處不意如水之投石也人心道心只是一箇心道

理氣二物
其說不通

心以體言人心以用言體用原不相離如何分得性命理也非氣無緣各正太和氣也非理安能保合亦自不容分也集義所生配義與道是教人養氣之方及養成之效若論道體只是箇浩然之氣更從何處尋覓道義乎今欲援此等以證理氣之爲二物未見其爲精切也執事之學誠博然亦不須多引且說乾元亨利貞一句將以爲理乎將以爲氣乎區區拙見已具前書更不欲泛引瀆陳誠恐枝葉愈繁而本根終蔽前書嘗就明道先生元來只此是道一語推明

其意以為正欲學者就形而下者之粗悟形而上者之妙二之則不是也言雖約而意已盡義亦甚明竊謂明道復起亦必有取於斯言而來教乃以為錯看偶記明道先生又嘗有言曰灑掃應對便是形而上者中庸又直指君臣父子夫婦昆弟朋友為天下之達道以此觀之不曾錯也叅之高論乃於是道之下添着之所在三字明道立言不應缺少却恐是錯又蒙見難萬物之多三百三千之儀從何處鑽出來謂僕錯看了聖人立言之旨敢問高論以萬物皆生於

道道果在何處存站存站處明白鑽出來亦明白矣
程子釋逝者如斯之義云此道體也天運而不已日
往則月來寒往則暑來水流而不息物生而不窮皆
與道爲體果如高論程子得無錯乎且此章章首六
句明是一頭兩股註所謂極於至大入於至小解得
亦自分明高論乃云子思明曰大哉聖人之道洋洋
乎發育萬物將兩句一直說下來便截斷了只要遷
就己意更不問子思是如何立言及說到三百三千
之儀失了頭腦却去牽扯中也者天下之大本一句

將來安排在上講學似此果何益乎且吾二人之學皆宗朱子者也執事守其說甚固必是無疑僕偶有所疑務求歸于至一以無媿乎尊信之實道理自當如此未可謂之横生議論也蓋朱子嘗有言曰氣質之性即太極全體墮在氣質之中又曰理只是泊在氣上僕之所疑莫甚於此理果是何形狀而可以墮以泊言之乎不離不雜無非此意但詞有精粗之不同耳只緣平日將理氣作二物看所以不覺說出此等話來晚歲自言覺得於上面猶隔一膜亦既明有

所指此正後學之所宜致察也高論以陰陽是道之所在與泊在氣上之言有何差别但不曾明用泊字耳非習矣而不察之過歟格物之義凡高論所及皆學者之所習聞但於豁然貫通處不知何故略不拈及程子曰學而無覺則亦何以學爲哉此事全在覺悟不然雖格盡天下之物內外終成兩片終不能無惑也僕言理一分殊最盡只是說道體又嘗言所貴乎格物者正欲即其分之殊而有見乎理之一方是說下學工夫舉分殊則事物不待言矣說正欲便是

教學者於分殊上體認果能灼見此理之一精粗隱顯上下四方一齊穿透尚安有毫髮之不盡乎此則所謂物格而知至也僕雖不敏曷嘗徒守理一分殊之說但徧觀自古聖賢論學未有專事於博而不歸諸約者故常以反說約爲主執事才拈着一句更不推尋上下文意輒譬之水上打棍水底摸針斯言也無乃傷於易乎抑其中或有所不快乎摸針橫議錯看乃來書三大節目不得無言此外更不容強聒子貢問友子曰忠告而善道之不可則止幸遇同志之

友而未覩其同歸甚爲可惜然聖訓不敢不遵也惟
心照幸甚

困知記續補卷之七

明　泰和羅欽順允升父著

同邑後學　歐陽照文白父　仝校

楊嘉祚邦隆父

眞州後學陳夢暘爾旭父編次

孫　珽仕俟符父　重梓

玨仕穉白父

答胡子中大尹書

頃承見惠長書欲以發老朽之所未發愛厚之意何

日急之第素愚且耄媿無以奉酬高論也來書反覆
乎致知格物之說不下二千言大槩以傳習錄爲主
將誠意與格物致知打成一片更無先後之分考之
大學經文容有未合程朱訓釋更不待言然以爲其
說甚長其未明既久非有定見殆不能爲此言也夫
所爲講學者只緣燭理未明懷疑未決故須就朋友
商量切磋審求其是以弗迷其所往若所見既定固
當自信而無疑矣而又奚講焉且區區謬見皆嘗著
之於篇賢契既不鄙而遍閱之異同之際度已判然

如黑白之在目矣而未即稍契正使猶有精華可發
亦將何自而入以究其是非之實哉況實無所有也
然賢契格致之說雖非僕所敢知其以獨知為持循
之地則固自修之第一義也誠加以固守力行之功
必無自欺必求自慊所以潤身而及物者將豈無其
驗乎老朽屬望實惟在此計亦賢契之所自勵而不
能自已者也更有少瀆來書所舉窮致事物之理一
句朱註原作至字又窮致中和之理一句則朱註所
無且大學中庸篇首兩致字朱子皆未嘗以窮字訓

之亦不容不爲之別白也一字異同毫釐千里切希

照悉

與鍾筠谿亞卿書

四月六日得去年五月所惠書開封詳讀宛然故人之在目也忻慰無量緬惟養高林下心逸日休剛方之氣不衰進修之志逾勵所以增光吾道者多矣僕年來逾覺衰憊勉圖寡過以畢餘生而過終未能寡無足爲知已道者承語及拙記以滋味自別見稱其言過重愧非淺陋所能及然拙記之出朋友間益多

見之求如執事之能留意者鮮矣近時學子大抵悅
新奇而忽平實就令鄙說稍有滋味亦何自而相入
乎以此知高明之學篤於爲己精於取善志同而聲
應僕將不至於孤立矣何幸如之惟是各天一方無
緣聚首以資切磋之益念之未嘗不惘然也往歲甲
午秋嘗辱書及賀儀追謝弗及其冬即作報書與舍
姪入京覓便轉寄不意中途遭水書帕皆壞續令小
兒抄白原書寄上又不審何緣未達深愧簡褻今作
此書恃有令郎大人可托亦未卜何時方徹尊覽令

郎克承家學才志卓然雖仕途稍淹要爲遠到之器前者亦蒙惠問愛有所自來矣何日忘之山林日長必多著述如疑誼錄之類便中倘蒙寄示一二以相啓發幸甚拙記頗嘗增續及近答湛甘泉司馬一書輒以求教有合商量者不惜逐條批諭尤感臨書倍勤馳遡惟冀爲斯文寶重永綏多福不宣

與崔後渠亞卿書

石江少宰過家承惠教札及新刻楊子折衷極感能念代自　光膺　召命再入翰林旋佐邦禮於南都

屢欲專書奉賀因乏便未果竟辱先施負媿多矣執
事高尚有年進修不懈著爲文字經緯整整而一味
崇正尤用嘉歎究觀新刻湛甘泉太宰之辯可謂諄
詳而執事之助之也尤力志同聲應異說其將息乎
然僕以所道之理爲道甘泉以精神之中正爲道是
亦不能同也未審高明何以處之僕年來目益昏耳
益聵有書不能讀有朋不能講茅塞已甚夫復何言
斯道之明且行惟吾後渠暨同志諸君子是望想切
留意也茲遇舍親曾舉人行便專此寓敬因附見區

區伏希亮察不宣

答蕭一誠秀才書

音問不通蓋兩年矣近得前月二十二日所惠書并疑問十六條披覽一再足見向道之勤良用嘉歎但書中開門納士之諷似猷未免於徇名也老夫山居歲久開門無日不開朋來未嘗不見苟有所問未嘗不悉心條答此開納之實也若彼不吾向而乃祟飾標榜誘之使來是我求童蒙也是好爲人師也豈不有昧於聖賢之訓哉此老夫所不能也至若十六條

開口見膽

之問多是主張自家見解辭若謙而氣則盈老夫茫然殊不知所以爲答大凡講學須是本領上所見畧同又能擇所信從而不爲異說所惑方好商量不然則雖往復頻煩只滕口說終無益也拙記累千萬言緊要是發明心性二字蓋勤一生窮究之力而成於晚年者也雖或其間稍有未瑩不應便到相背而馳今吾子云然是乃全不相契而其所見殆非老夫所及矣尚安能有益於吾子猶欲使之譊譊焉以重增其失哉雖然老夫蓋嘗有所感矣不可不一言之近

世以來談道者所在成羣而有得者曾未一二見其故何耶患在欲速而助長耳孔子云欲速則不達孟子云助之長者揠苗者也非徒無益而又害之程子云若急迫求之則是私己而已終不足以得之也此皆切至之言吾子盍試加循省倘微有此病宜速除之就將所論人心道心四言朝暮之間潛心體認功深力到自當見得分曉切不可着一毫安排布置之私所見果親則凡今日之所疑者皆將渙然氷釋而無事於多辨矣不審能信得及否乎臨機倰引老夫

所短後生可畏必須循序而漸進此區區愛助之意
也

太極述

周元公先生之太極圖朱文公先生所以尊信而表章之者至矣愚嘗熟玩其圖詳味其說雖頗通其大義然不無少疑首疑無極之眞二五之精妙合而凝三言未免析理氣爲二物其說已見於困知記中矣次疑聖人定之以中正仁義而主靜不審爲聖人自定耶爲定天下之人耶以爲自定則欲動情勝乃聖

人之所必無以爲定天下之人則主靜二字難得分
曉朱門嘗有問及此者所答亦未見如何至論下學
工夫僅有君子修之吉一言疑亦太畧且其圖之作
雖極力模擬終涉安排視先天圖之易簡精深而妙
於自然恐未可同年而語也豈元公未嘗見此圖耶
項因朋友間有論及周學者愚謂天地造化之妙聖
學體用之全易中言之甚悉太極圖說殆不能有所
加若有此言而意則未盡也於是畧倣周說首尾間
架給取吾夫子十翼中語組織成篇以盡愚意而以

先天八卦揭于篇端其象既陳其妙因可默識願用心專一何如耳凡此皆傳吾夫子之舊不敢妄贊一辭故名其篇曰太極述餚取云者不拘經文前後要在血脉貫通亦非敢自用蓋竊比大學中庸引用詩書例云

八卦
四象
兩儀
太極

易有太極是生兩儀兩儀生四象四象生八卦

太極之名始此述此以明太極之全體也學者當於一動一靜之間求之

是故剛柔相摩八卦相盪鼓之以雷霆潤之以風雨日月運行一寒一暑乾道成男坤道成女

述此以明太極之妙用也

天地絪縕萬物化淳男女媾精萬物化生一陰一陽之謂道繼之者善也成之者性也

述此以明萬物之生無非二氣之所爲而一物各

具一太極也
仁者見之謂之仁知者見之謂之知百姓日用而不知故君子之道鮮矣
述此以見人性皆善而其分不能不殊也
君子體仁足以長人嘉會足以合禮利物足以和義貞固足以幹事君子行此四德者故曰乾元亨利貞
述此以明聖學體用之全即所謂君子之道也
大哉乾乎剛健中正純粹精也
吾夫子贊乾道之大累至七言而歸結在一精字

文公謂純粹乃剛健中正之至極而精者又純粹之至極得其旨矣所謂純粹之至極非太極而何故述此以明太極之義以終此篇之旨

整菴存稿題辭

余嘗著困知記六卷乃平生力學所得而成於晚年者也以俟後之君子宜必有合焉凡應酬詩文積數鉅册葢非所喜爲者始焉出之弗愼後來遂不得而辭操筆輒書粗淺無法勉以徇人可愧多矣顧嘗費日力勞心思不忍悉棄也居閒無事擇其稍可觀者

以類相從得二十卷題曰整菴存稿藏之家塾以示吾後人餘稿則盡焚之後之人於吾晚年成說果能究心則聖賢門戸可得而入繼述之善何以加此或不免爲辭章之學亦當取法於古之作者毋事浮夸以躓余愧此余所以垂示之意也其慎藏之

謝　恩疏併部咨

禮部爲謝

恩事儀制清吏司案呈奉本部送禮科抄出原任南京吏部尚書改吏部尚書未任致仕臣羅欽順　奏

該禮部題為優禮耆舊以勸勵後學事節該欽奉
聖旨羅欽順部首重臣年至八十照例賜以羊酒着
撫按官及門存問仍月給食米貳石歲撥人夫四名
應用欽此欽遵備行江西布政使司轉行到臣本府
縣嘉靖二十四年四月二十六日本縣移臣知會隨
該
欽差巡撫江西等處都察院右副都御史虞守愚巡
按江西監察御史魏謙吉到臣私宅以禮存問臣當
即望 闕叩頭祇受羊酒訖理合具本謝

恩伏念臣性禀顓蒙行能淺薄務通章句遂忝科名
久糜倉廩之儲曾乏絲毫之益時逢嘉靖運屬休明
庶勉策於疲駑俄驟罹乎家難星霜屢易疢疾相仍
方當杜門伏枕之時節奉典禮持衡之命信清時之
可戀揣綿力以難堪切恐孤 恩終成誤 國連章
丐免萬幸矜從荷 恩數以逾涯悵餘生之莫報流
光易邁但期勉率乎天常正學難明更擬精求於古
訓顧聰明之已耗嗟志慮之徒存豈意頹齡重紆
皇眷門墻卑淺望高 天使之臨錫予駢蕃榮類康

侯之接居懋盛典謨及凡才茲葢伏遇我
皇上仁配乾元德符坤厚尊臨大寶默運洪鈞制作
兼乎百王甄陶盡乎庶類遂使山林之枯朽優霑雨
露之甘濃慶洽儒紳詠歌相屬歡騰婦子感戴交深
媿巳負於捐軀誓不忘乎結草伏願歛時五福日靖
四方念
高皇締造之惟艱恪遵
祖訓思　元子諭教之宜蚤慎簡　宮僚
郊廟尊嚴百神受職閭閻給足九敘惟歌綿

聖壽於無疆固
皇圖於有永非獨愚臣之至願實惟海宇之同情也
臣感極辭繁無任戰慄屏營之至等因具本謹通政
使司官奏奉
聖旨覽卿奏謝朕知道了禮部知道欽此欽遵抄出
送司按呈到部繹讀前疏仰見尚書羅　學究根
源德修純懿譽望重於　朝野縉紳仰爲斗山因進
謝而獻規見老成之憂　國旣還田而念
主實畎畝之餘忠允爲

社稷宗工人物司命而後學所當誦服者也爲此合
咨前去煩爲欽遵知會須至咨者

整菴履歷記

余平生無可稱述惟是履歷之槩不可不使吾後
人知之居閒無事時追憶其一二識之於冊事各
繫於其年辭則悉從其實而已

成化元年乙酉十二月辛巳時加辰余生於浙東青
田之官舍先公時爲其邑教諭蓋六年矣

五年己丑先公官滿還鄉學舍中門巷曲折歸途山

行川泛余畧能記之
七年辛卯春初入學夏先公履安慶教授任秋隨先祖母王夫人先母曾夫人赴官所曾夫人常言吾兒初入學便循循守規矩不與他兒同也
十一年乙未先姑夫蕭貴步先生來訪親先公留之館余從受業初學作五七言律詩
十三年丁酉夏先公膺闔藩聘往考鄉試蕭先生亦還鄉應舉余獨處一齋讀書習字未嘗輕出門一二日則往就司訓趙先生解釋大學數條畧能領其大

日朋輩或相拉遊戲輒辭之蓋性所不好也十四年戊戌春正月倒改題門符余輒題兩語云不規規於事爲之末但勉勉於仁義之天見者頗加歎賞三月先公還任同官指門符謂先公曰令郎已能道此語何尚不令習舉業乎先公曰欲其多讀書爾乃遣從丁宗元先生學端午日先生面試論語義二篇未午呈稿覽畢見諭曰子學文未久所作遂能合格且如是其敏但勉力不患不到也歸先公令誦所作良色喜無可開士美文甫兩曾先生俱及第先

公因賦二絕句柬丁其一云雅彦龍頭眞極選探花
文喜見曾追便須發奮思齊駕問學工夫可暫離其
二云吾鄉多士皆騏驥逐電奔雲不可追駑劣自慙
空老大還看綠耳與纖離時余年方十四先公屬望
已不淺矣丁先生名欒懷寧庠生其學行素爲先公
所重後中成化丁未進士未授官而卒
十五年巳亥春得咳疾久而未愈先公頗以爲憂醫
療勤至旣愈日授庭訓不及從他師
十六年庚子春從王應禎先生學與戴天錫同窗天

錫長余一歲頗見推讓其秋先生及天錫皆中鄉舉
後先生未仕而卒天錫亦中丁未進士累官桂林知
府罷歸冬先公官滿挈家還鄉
十七年辛丑夏四月余受廉命娶於同里曾氏秋八
月先公赴京
十八年壬寅春三月先祖母王夫人卒冬十月先公
守制來歸喪葬諸事皆命余相守菴叔父理之
十九年癸卯秋郡邑取中鄉試比至會城[illegible]學鍾公
臥病時生儒未試者七八百人兩司諸公乃合而試

之令嚴甚不許屬稿所取僅四之一余忝首名
二十年甲辰讀書里之雙龍觀中
二十一年乙巳夏四月先公起復赴京余始受命理
家
二十二年丙午郡試提學試巡按御史試皆叨首選
時提學爲脊茂馮公獎與尤至
弘治二年己酉小試爲太守顧公天錫所賞後爲提
學敖公靜之所黜論偶失旨故也
三年庚戌春赴南雍省侍至則率季弟允恕讀書于

率性堂之右廂凡數月秋暮方抵家
五年壬子秋赴會城應試八月初七日夜分吐瀉交
作比曉息僅屬勢頗危日中猶未能食既而酣睡入
夜精神方稍回已決意不入場矣所親力強之飯數
匕夾持以往顧病體不堪重勞乃謂所親曰日加申
吾當出宜具粥以需竟如所約三場畢自度必中中
當不出十名然不意遂叨首選也冬十一月與徐廣
威同舟北上至南都余入省二親廣威入省其兄廣
賢夏官臘月既望乃聯騎渡江至徐買車同載

六年癸丑春正月九日至京師會試榜出余名列第
七修撰錢與謙先生所取士也錢批余論首云有相
業者偕士夫往往爲余誦之然錄中所刻乃出錢手
非余本色也　廷試擢第一甲第三名賜進士及第
既而聞閣老丘文莊公閱余所對策過有褒語徐文
靖公覆視頗摘其瑕余自是益留心於學皆二公玉
成之賜也釋褐授翰林院編修階承事郎　朝退輒
閉門讀書天性簡直拙於人事交遊甚寡凡閱歲貢
生及考滿訓導試卷未嘗過刻亦不苟容有執贄求

見者悉堅拒弗納每得先公書亦未嘗不以此爲戒
也
八年乙卯夏四月先公以考滿到京居兩月陞國子
助教徙居退省堂間數日輒一往省冬十二月聞母
夫人之訃
九年丙辰春二月先公乞休得　允遂同舟南還閏
三月抵家以冬十二月襄事
十一年戊午春三月釋服夏四月始出邑城謝諸親
友冬十一月廿上

十二年己未春二月至京隨復原職二弟同中進士
遂同居夏五月滿初考蒙 恩授勅命進階文林郎
封先公編修贈先母孺人內子亦受孺人之 封
十五年壬戌春二月同考禮部會試得一卷三塲俱
優而藏鋒歛鍔意其必困於累舉者頗疑爲鄉友蕭
時堅然不敢以私廢公遂定爲本房之冠主考吴匏
菴先生寘之首選及折卷乃景陵魯鐸果丙午舉人
也俄充 經筵展書官夏四月陞南京國子監司業
先年起蘭谿章公懋爲祭酒公以家難辭 詔推補

司業以需而余適承乏蓋此員缺而不補垂七十年
矣夏六月履任監規積弛士多放逸每遇差撥即爭
辯紛如余謂放心宜收非管攝之嚴不可爭風宜息
非稽考之精予奪之公不可持此三者甚力始而怨
謗交集終亦安之六館肅如奏疏言下第舉人當入
南監者正宜及時作養顧往往徑自回家虛糜歲月
可憐請立法以拘制之當道雖以爲然然不肯進從
吾所立法蓋惟恐人情不便也
十六年癸亥春二月先公至自杭初余改官即以迎

養請先公許來一視過杭則留仲弟允廸所專使那
往乃至秋八月大司成章公抵任未數日寮屬中有
間之者公頗置疑徐而察之知所言皆妄乃深相信
自是凡事必以見咨余靡不盡心相處僅踰年遂相
乖隔然書尺往來不絕平生寮友之相得者公其最
也

十七年甲子冬十二月得告奉先公還鄉在任將三
年所奬進之士如吳惠汪立王思陸深嚴嵩董玘張
邦奇湛若水楊叔通陳沂盛儀潘鑑曹琥等後皆有

名亦自喜其不謬所媿學力未充未能相與痛加切
磋耳
十八年乙丑春正月道杭少駐二月抵家秋疏乞終
養馬端肅公時爲太宰謂終養之例須單丁乃許今
有兄弟三人然三人皆從宦情固可推理宜酌處乃
行原籍查勘
正德元年丙寅勘文到部馬公已去位代者漫無可
否倚閣踰年
二年丁卯春有爲余叩其所以者該司圖云例不合

乃檄有司催余還任欲再疏慮曠日彌久乃以冬十
月復莅南雍時大司成則歷城王公勅也
三年戊辰春二月將滿考時逆瑾方作威福南銓忽
用其新例將以余給假始未具奏或謂還任在新例
前兩月勿奏可也詠司慮禍及不聽野亭劉公時爲
太宰謂余奏可緩發于宜以考績先行一面瑾固當
無事余心知奏上必無全理然或如所謂將舉其平
生而盡棄之乃遜辭謝曰感公厚意但非力所能願
早爲發奏俾某得供子職爲賜多矣野亭謂之色動

四月得報除名聞吏部據南銓奏辭具新舊例兩請
瑾果怒余簡伉竟用新例以示威云六月抵家先公
泰然如平日
五年庚午秋八月更化　詔下復原官冬復被南雍
之命
六年辛未春三月抵任時大司成則永嘉王公瓚也
五月上獻納愚忠疏疏入留中秋七月聞鄉郡有警
急遣人奉迎先公九月至官舍冬復迎守菴叔父來
居

七年壬申夏四月以新例考舊績將北上仲弟允迪使來迎父叔余送至嘉興而別秪淮安病弗能前入疏請告踰月回至龍江寓禪菴以俟報部書至乃俾余還任調理再疏懇之秋七月流賊劉六等騷至江上人爭走避余不得已復入城八月得報陞南京太常少卿知再疏未達乃復令人入疏吏部覆奏奉旨不允蓋余自入春來覺心氣虛怯狀若怔忡然切欲閒居靜養而連疏不遂冬十一月乃勉強供職

八年癸酉弘治間嘗有 詔錄開國諸功臣後鳳陽

有郭琥者奏稱滁陽裔孫過有希望當道頗難之再奏乃得冠帶其意未滿復奏乞一官遂經營得奉祀蓋虛銜也無何又欲比徐楊二王求立祠祭署祠祭署隷太常乃數造太常請爲具奏河東張公芮爲卿既許之矣余未聞也是春及夏琥又送來懇請張公將從之余曰兹事未可輕易徐楊二王皆

太祖至親滁陽則以義合其追封王爵或以大國或以郡明有差等故祠祭署自難槩設且當時二署之設以墳今爲琥請何理也張公直視無言第令琥姑

俟之後後察知余意堅不可回乃已琥乃自入奏事下吏部冡宰邃菴楊公洞燭其情惡其僭妄遂請削其奉祀滁人聞　命下莫不快之張公猶爲余言邃菴太過人性之蔽有如此者余又考　勅賜滁陽王廟碑巳明言王無後琥雖或有來歷如碑文何當初似欠參詳以此知當官處事雖微不可忽也秋兩京先後缺祭酒余遂被首薦皆不果用有一前輩意余將不釋然每見輒致寬慰語且諷余拙余頗訝其不相知因賦三絕句曉之其卒章云伊洛淵源世所宗高

談性理半雷同若無上蔡除根力遠隔程門一萬重
及再見頗有慙色
十年乙亥夏五月陞南京吏部右侍郎六月履任友
人曾元之在京師以書見賀有云凡遇員缺再推而
得之者在他人人皆曰人也非天也在先生今日人
皆曰天也非人也余頗以元之爲知言秋九月兼攝
南京工部事是月晦封孺人曾氏卒于官所余妻賢
而不壽且余乍進乍退敕封號未及有加心切哀之
冬十月令子瑚扶柩歸葬

十一年丙子春三月解南京工部事夏五月因災異
自陳乞休冬十一月再娶臨潼李氏
十二年丁丑秋七月捧表入賀　萬壽聖節次子翊
自家來侍行九月初至京　駕巳西幸既畢事出至
張家灣乃疏乞歸省至儀真候報久而未得乃從淛
迤邐西歸泝章江始得報有　旨給驛無及矣後十
二月抵家
十三年戊寅夏六月還任冬十二月滿考即日馳疏
乞休泝江西歸

十四年巳卯春正月抵家五月得部咨奉
聖旨羅欽順學行老成着照舊用心辦事所辭不允
未幾又得部咨改吏部乃再疏乞休
十五年庚辰秋八月得部咨奉
聖旨羅欽順先因推舉改用成命久下着上緊到任
管事不准辭余以先公年益高巳身又多病出將未
免有悔若懇請未必不從先公稍不怡曰兒從宦雖
有年備員而巳今往或可少行其志何固執乎余爲
之悚然乃決行計冬十月陸行至京履任後則以滿

考聞蒙　恩給誥陞授通議大夫贈封二代及妻室

皆如制冬十一月

毅皇駐蹕通州二十一日被　旨起　在所供事二

十五日賜見潞河驛十二月朔旦候　駕漕運廳前

駕至偕文武諸大臣及科道官入見遂劾奏諸反者

請寘之法有　旨收繫云云乃叩頭而出堂中惟設

御座旨則司禮監大監由　御屏後傳出頗聞故典

如此初九日晚前行候　駕次日午　駕乃還　宮

十一日大祀

天地奉　旨分獻北海壇
十六年辛巳春三月十四日入奉
遺詔四月二十二日
今上即位後數日自陳乞休不允太宰晉溪王公被
放余奉　旨攝篆首遵　詔條備查先朝得罪官員
開具職名事由上請於是
聖恩所及無間存歿余初閱司稿於王廷陳事迹頗
欠明遂據實增入數語云王廷陳近因後任緑事擬
降雜職候到部之日另行奏請定奪其後言路中有

因他事泛及廷陳者以爲吏部庇之殆傳聞初稿之
誤亦欠審矣會推吏部尚書余所舉有白巖喬公六
科獨不附曰齊某嘗有言矣余曰仁者見之謂之仁
知者見之謂之知齊所言固應有見但衆論所歸諸
君亦不可不察往返數四竟亦僉同是月轉左侍郎
秋七月太宰熊峯石公入管誥勅余再被　旨攝篆
於是白巖竟代熊峯大司馬幸菴彭公初至謂
先朝故典
新君即位嘗降勅南京内外守備及諸文武衙門俾

其協心討安根本重地乃以咨來屬余奏請俄又奏留前任郎中某者欲與同事數月時某已陞陝西參議余皆不能從也言官嘗有所指劾覆奏一從其實無敢阿私　詔所罷官有貲緣內監以求進者奏論其交通害政請付法司定罪竟沮之冬十月望後白巖始至十二月與九卿諸公同上慎大禮以全

聖孝疏疏草余所具也

嘉靖元年壬午春正月奉

勑諭充實錄副總裁賜宴于禮部三月　駕幸太學

其分與官禮畢賜羊二及酒二瓶寶鈔三千貫都御史席公自湖廣馳疏請起遂菴楊公總制三邊吏兵二部會題擬如所請蘇郎中以稿來看余曰遂菴乃舊相即起亦必禮辭往返須數月今邊報孔亟李亞卿方在彼行事利害所繫恐宜三思蘇以余言告白巖乃於題本後增二語云但見有侍郎李某在彼伏乞

聖裁遂菴由是不果起余嘗誤為遂菴所知素尊仰之但入京踰年閱諸物論殊藉藉曉蘇之語非惟事體當然亦欲以忠於知己者爾夏四月陞南京

吏部尚書六月履任八月所遣僕子自家來聞先公
病勢不解即持疏乞休以便養親奏奉
聖旨卿父既有疾准暫回省視馳驛去疾愈上緊還
任管事十二月抵家
二年癸未春三月改禮部尚書夏四月十九日先公
捐館
四年乙酉春正月庚申葬先公天柱岡之陽奉遷先
夫人祔焉
五年丙戌春正月具疏遣子珝入京代謝

賜祭及營葬恩秋七月祗家
六年丁亥春二月復起爲禮部辭疏上奉
聖旨卿學行簡在朕心推舉出乎廷議禮卿缺員虛
位以待宜勉承新命上緊前來供職毋不必辭夏五
月改吏部尚書再疏辭免重任懇乞休致奉
聖旨卿才行素著人望久歸近自陳休致已有旨勉
留如何復有此奏既情辭懇切准致仕有司仍月給
食米四石歲撥人夫四名應用該衙門知道秋九月
吏部咨到遂馳疏謝

恩冬十一月糾合族衆改作羅氏宗祠又與二弟協謀市地創作小宗祠羅氏宗祠乃先公創作以祀始遷之祖爲會族之處當時頗病其隘欲展拓而未能又欲别祠小宗而地基弗便至是適有機會一時並舉皆所以成先公之志也是役也長男琰多效勞云

七年戊子春二月十三道御史會薦十人以余爲首忌者大怒遂竄援其故既無所得猶斥三人外補余前後被薦不啻十數雖三人被斥猶或有繼之者益多采用虚名不知余實無所長又衰且病也往年元

山屏公亦嘗舉以自代平生僅一識面而已丙戌之夏因翊子謝恩歸以書見貽頗論及時事其爲國一念可謂惓惓然余特論旣殊即令復起亦安能久於其位也秋七月以大禮告成

下詔覃恩進階榮祿大夫冬十一月編次所著困知記爲二卷

八年己丑秋七月初季弟西野臥病八月二十五日竟不起余前後駐邑城凡四十餘日冬十二月甲申再往視窆

十年辛卯春二月楊氏姊壽七十自往慶之次子玠
以是月赴京謁選夏四月會同鄉士友於龍福寺議
鄉約六月續著困知記一卷成
十二年癸巳夏五月又續著困知記一卷
十三年甲午年七十生辰將近親朋陸續稱觴皆以
詩文爲侑次兒珝在京求得壽文一篇玉帶一束緘
書遣使以初七日抵家親朋見之莫不以爲奇事江
右士大夫在都下者凡幾十餘人人賦一詩爲壽其詩
卷題曰天壽平格諸君子之意良厚然非余所敢當也

十六年丁酉冬次兒琊得告歸省
十七年戊戌又著困知記一卷記於是凡三續矣其
冬築壽藏于桃岡故妻曾夫人自龍塘遷葬壽藏之
右事畢乃促琊還　朝
十八年己亥春三月買得小徑中嶺山地一片遷葬
外祖考妣立石識之外祖考曾府君諱朋止妣蕭氏
其遺胤止存曾孫一人年已尚衰猶未有子不得不
爲之遠慮也初冬琊陞馬湖知府便道過家留兩月
乃之任冢孫僃以疾卒十二月葬陽村賢而早死可

哀也爲銘其墓
二十年辛丑珝自馬湖入　覲疏乞侍養
溫旨賜允夏四月抵家
二十一年壬寅作桃岡書院去壽藏可百步許十二
月庚子雞將鳴夢中偶得句云欲窮太極圖中妙須
向姑蘇臺上推未審爲何詳也因記二十年前夢中
嘗得句云東海春流吞萬壑南山晴翠聳層霄亦未
詳所謂漫志之又記先公官南都時嘗夢題竹亦止
記兩句云氷霜歲久琅玕老雨露春深枝葉繁此實

先公眉壽之徵家庭餘慶之兆也
二十二年癸卯七月初得曾孫男字之曰申孫
二十三年甲辰年八十生辰前後賀客陸續至視七
十時幾倍之
二十四年乙巳夏四月二十六日巡撫都憲東厓虞
公奉
旨及門存問五月初七日巡按御史槐川魏公繼至
是月十七日遂具疏令孫男佸賫奉入
謝以八月中至京疏奏奉

聖旨覽卿奏謝朕知道了禮部知道十二月佸抵家
得部咨知會
二十五年丙午夏五月又續著困知記一卷
二十六年丁未
羅整菴自誌
整菴羅姓欽順名允升字吉泰和人也成化乙酉臘
月八日生于淛東青田官舍弘治壬子秋江藩以第
一人薦癸丑會試禮部名第七 廷試蒙
孝廟親擢第一甲第三名賜進士及第授官翰林院

纂修壬戌夏陞南京國子監司業乙丑得告奉侍先
公還鄉因疏乞終養當道持不下正德戊辰逆瑾横
益甚奪職爲民庚午秋瑾伏誅例還舊職壬申秋陞
南京太常寺少卿乙亥夏陞南京吏部右侍郎戊寅
滿考乞休不允己卯春改吏部右侍郎辭益懇庚辰
夏有
旨着上緊到任管事不准辭其年十月履任辛巳三
月
武廟上賓四月

今上入繼大統萬邦胥慶五月陞本部左侍郎先後嘗連攝部事壬午夏陞南京吏部尚書到任未幾聞先公病甚疏乞解官侍養有旨准暫回省視冬盡抵家癸未四月　先公竟捐館嘗有禮書之命不及拜矣丁亥春復以禮部尚書召疏辭不允俄名為吏部尚書辭益力奉聖旨卿才行素著人望久歸近自陳休致已有旨勉留如何復有此奏既情辭懇切准致仕有司乃月給

整庵一生學術

食米四石歲撥人夫四名應用葢私心雅慕特正而
重於變通量而後入亦惟古訓之是式耳何意
聖恩弘覆所以曲成者如是其特是誠當代之所鮮
哉平生於性命之理嘗切究心而未遑卒業於是謝
絕塵絆靜坐山閣風雨晦冥不怠所事乃著困知記
前後凡六卷并得附錄一大卷所以繼續垂微之緒
明斥似是之非葢無所不用其誠力之殫矣心之遠
矣亦非有加於分外也甲辰之冬行年八十巡撫都
御史淨峯張公岳爲請　存問之典乃其爲說欲使

縉紳學子知某以正道正學爲
上所尊禮莫敢不勉率以趨於正風化所係誠非淺
小自非道同心契其見於言者孰能若是之深切哉
百世以俟聖人而不惑吾固知實理之不容易矣近
得危疾久而不解聽天所命何懼何疑緣素無功業
可記將來不敢以碑銘爲大手筆累乃自誌其生卒
之槩刻而藏之使後世子孫由是而知有我足矣初
娶同里曾氏生二子琰瑚一女任潔適萬安劉宏婿
女俱先卒繼娶臨漳李氏生一女端潔適同邑涷溪

尹廷孫男六人份企佶偲位似孫女四人長適蜀江歐陽鈗曾孫男一人申孫曾孫女二人平生微言細行動顧準繩家庭子弟嘗有能記之者其世系之詳具載於　先祖考及先考神道之碑茲不復出

右誌作於丁未夏四月十六日丁酉越九日乙巳考終正寢享年八十有三葬以戊申春正月十九日丙申墓在三十都桃岡之原西山卯向去家僅五里

困知記續補卷之七終

◎

困知記外編卷之八

明泰和　歐陽照文白父　同校

楊嘉祚邦隆父

眞州陳夢暘爾旭父編次

孫　珽仕矦符父　重梓

玨仕穉白父

壽太宰整菴先生羅公七十序

相臺崔銑

夫周道微而霸臣興宋論繁而霸儒競霸臣必藉強

大以假仁霸儒必抗高玄以邁學均之求遂其勝心焉爾故僭侯之咎易指而異端之過可滅何也其術自白而其中自辯也孟子陳王道朱子申正學當時角而立者與爭矣然自漢以來雖詐力得位恥居霸名元夷表章朱書崇信至于今益尊習與角者泯如也人尚之公非天道之常乎弘治中士厭文習之痿而倡古作嗣起者乃厭訓經之卑而談心學是故嘅顏後之失傳申象山之獨造創格物之解剿禪悟之緒奇見盛而典義微內主詐而外行略矣整菴先生

羅公耆年而謝政
天子累虛端揆之位名之不就著書四篇曰困知記
摘似明眞剔僞正實其曰恩者心之用得者性之理
是曰立知能心之用愛敬人之理故曰良析心性以
辨儒釋合理氣以一天人達茲四者而羣言繞矣洋
洋哉其武夷之衍乎公莊重方介言道動矩造士之
嚴貳銓之定雖特尚柄鑒我鑊無易榮與稱譽與毀
不與焉故君子服其行而信其詞今甲午歲之臘公
之壽七紀仲子叅軍琊自京師以弁造鄴索銑燕言

以獻夫走僻途而問末士蓋無所不用其慕情銑聞
天下之生久矣一治一亂國囿於氣一邪一正學趨
於時上驕而下好私則治消朴散而名可要則正淆
故天竺之空要於直温柱下之無徑于博約然世將
亂天預生弭之者豈其恐於道之否乎我公其必享
遐期哉

賀鏊菴老先生八十壽序

宗晚學洪先

君子談世道必先風教蓋言感之速及之遠無意相

異而適以相成猶風之行於物也今夫艸木之生雨露滋之矣必披拂於和煦而後生意盎然至其發秋盪谷斂豐茸於寂寞霜雪不得專其威也君子之於人也亦然當其勤施篤惠澤生民而制舉動此有位得志者之常無足怪也惟夫身已退而道愈隆處人之所不能而薄人之所甚欲可使遠者慕近者化縱懷不肖之心亦且憾然悔悟索然潛沮有不待言說而要約者其視披拂之與震盪亦何以異非所謂君子之風乎今　制仕于　朝者七十致其事而大臣

以六十告爲最鮮大臣家居八九十者
天子必有存問而以太宰被是　命爲尤鮮整菴羅
先生自侍從登太宰年六十遽以去請
上不能舍慶　召不應積二十年年且八十
上聞而嘉之特　命守臣及門舉禮如　制往時
朝廷更定禮樂天下文學之士顒然向進而先生有
是請故人不爲重其位而重其去蓋始知有明哲之
幾邇來邊境多虞百司飭勵夙夜不遑即老且病不
可自引去而

上衆是禮故人不獨重其壽而重其賢蓋始知有道休之樂莫不曰先生之決于幾也如是其不輕於出也已吾其可以利於官亦莫不曰先生之安其樂也如是其不苟於處也已吾其可以病於俗于是鄉之士人祝之以矜式邦之大夫頌之以考問 朝之公卿歌之以典刑自有先生而後出處之節侃侃然稍著於天下矣夫出處有節則士有廉隅士有廉隅則民有所賴以免於蠹戾乃先生以聖賢之學自有侻焉進於無疆將謂天以先生風世道也不亦可乎洪

先幸而生是鄉又幸爲同姓嘗竊取行事以鼓舞不怠且喜斯世皆有遺也故於祝頌不敢以不文辭

詩

功成早納尚書履道直須刪儒者書木榻歲深曾幾卧草庭春在不教除六經得友千秊外四海憂民一飯餘室使　聖人勤側席肯同尚父載安車

又序　　南海黃佐

昔之異端鄉原楊墨皆非吾徒也故辨之而人莫不信從今之異端援儒入禪皆吾徒也故辨之而人不

吾信自非位與德符道由年永則吾誰望與夫天將使斯民自衰而歸正由牆以趨明則必篤生哲人以爲之先覺如伊尹是已書之帝廸詩之天牖蓋言覺也乃若漢譯胡書寔自明帝所得四十二章始其言以絕欲爲本初無所謂禪覺者由晉至唐剽竊儒言轉成圓覺頓宗吾徒反援之以爲簡易於是仲尼删述之經尚且擯而不信又何黹之可施乎佐生也晚初入翰林嘗邂逅太宰整菴羅公於東閣其後公明農泰和佐亦棄官歸養嘗得公所著困知記而讀之

三嘆而作曰天之覺民其在公乎彼謂致吾之知不必學古訓而後爲有獲公則證以經書而辯其以非爲是彼謂宗吾自然不必事躬行而後爲有得公則求諸實踐而辯其似是之非何者吾儒内外合一之學廓然大公物來順應以明覺爲自然則必以有爲爲應迹若徒言知而不貴力行亦奚異于圓覺之說視有爲如夢幻泡影者哉公之德望在天下佐無容論而其立言家傳人誦將使衰者自此正憸者自此明天下之民蓋有攸賴焉昔皇甫謐氏謂保衡壽耇

百有餘歲迄于沃丁之世夫惟久於其道茲共化所
繇成與今公生自成化乙酉距今甲辰行年八十而
康健不衰所謂天壽平格自伊尹之後惟公足以當
之且公衛道之功亦旣格于皇天矣將使斯民終被
堯舜之澤則幡然興起佐於公重致望焉

又序　　眷晚生陳昌積

鄉譽之難得也尚矣今夫士生其鄉自始學之年以
至於能強立不反自壯行四方以至於佚老無譽者皆
其黨里之考長童稚所習見而狎聞者也羣居暇日

持其所短長之行潔孝繩根罔漏纖爲莫慈于父母不輕予其子以孝名莫親於昆弟不輕予同產以友恭之名況於鄉里胥嗜異尚趨嚮異岐居處相綴而成毀衰降之異望勢譽相崎而娟忌歡憐之異情卽有大人先生素節叢徽往往過抑不喜道遇有微疵輒援議而起不旋息而邇閭遐外甚至摘響影而裝綴種種矣故信不難於感豚魚而難於爭鄉里愚夫愚婦之心智不難於攝天下之聲而難於攸鄉里愚夫愚婦之口然大人先生貽無疚之學討楷埀之業

振天下億萬年之學能與穹壤相終始其磨揉漸漬之力又莫不繇乎其鄉也整菴先生羅公致太宰里居者二十五年鄉之志士才紳欣幸得師咸托其緒言懿行以自規淑其志意頗興之倫亦皆懼公知其所爲思益欲從圖之不遑頃公壽八十
天子詔撫按臣及門存問以少牢秬鬯禮命寧公鄉之志士才紳益信作德之利相與歌咏其盛且業已以風來學其志意頗興之倫亦莫不奔歎歆羨謂爲當然至勃焉自悔前之爲孔子曰不如鄉人之善者

好之其不善者惡之公何以使鄉之人無賢不肖率
嚮風雅化其頌公也無賢不肖率不間其父母昆弟
之言若是歟以昌積觀於公孝仁信文建諸躬行如
菽粟水火之常充日用然新學晚生之嚮公也亦如
求糲粱而嗜鼎旨聽其議論者忘倦被其容接者不
欲離去著書數萬言亹亹訓辯大抵欲挽世溺染而
復之故始雖不免苦心費辭竟不厓焉景附聲應人誦
其自得天下恃以不惑蓋公未嘗爲峻絕之行而尚
行者自難彷其純粹未嘗爲咈古駭常之令而撫[illegible]

諭者自難越其範圍今
朝之公卿學士海内之才彥子衿徒知誦公出處有
節教天下以尚廉恥而不知公施其子諒深厚之風
竝生其鄉之人罔負先覺之付托也徒知惜公未究
經綸於斯學斯世盡懋清直寅亮之業而未知公衛
道之力庶幾與乎水土正人心者同憂患非直好爲
此嘵嘵而已昌積幸產公鄉具公親戚子弟嘗從諸
志士事公一望見公廬私先儼檢無他媿乃敢暢心
入謁苟有幾微玷志即強顏就列退未嘗不汗下竟

夕也由是賴公不屑之誨獲免下流之行爲多噫以積愚之淑又如此則彼豪傑之得於親炙者能不節性日邁乎一鄉一世之景行若此則千百世之下豈無論垂責志之人寤寐而承德者乎公之名澤當與穹壤相終始又不獨當時之達尊多歷年所之壽俊也已

明故吏部尚書致仕進階榮祿大夫贈太子太保

謚文莊羅公神道碑銘　　袁郡嚴嵩

有明宿德碩儒曰太宰整菴先生羅公以嘉靖丁未四月二十四日卒年八十有三初公致仕天子特給月廩歲隷以示優禮既登八袠詔遣守臣奉牢醴及門存問仍加賜廩隷至是訃聞詔賜諭祭命有司營葬贈太子太保謚曰文莊蓋褒賢崇德之殊數也君子謂惟公實克稱之公風格峻整雅操貞肅進則崇節振邁而毗於

國退則遵養純固而範於鄉談道著論則言爲代之
師反躬實踐則行爲物之範好學不倦不知其衰耋
之將至者耳公諱欽順字允升吉之泰和人少卽端
重殊異年十四題其門有勉勉於仁義之語舉弘治
壬子江西鄉薦第一明年入奉　廷對賜進士及第
授翰林編修每朝退卽閉戶讀書不事交謁巳嶷然
有公輔之望擢南京國子司業正容端則六館以肅
蘭溪章公懋爲祭酒深見信重事多咨公而行以父
栗齋翁年高得請奉歸留侍久之不忍去因疏乞終

養而逆瑾怒奪職爲民瑾誅復職由南京太常少卿
陞南京吏部右侍郎改吏部右侍郎
今上即位轉左侍郎前後連攝部篆甄别人才咸極
精當時論稱重充實錄副總裁是時栗翁年益高公
歸養之志益切拜南京吏部尚書抵任即馳疏乞休
便養　詔允之旣而名改禮部尚書未行丁栗翁憂
服闋仍以禮部起公未至復改吏部而公具疏懇辭
於是得　旨致仕蓋公審時直已不苟慕榮利如此
自是江右部使兩都臺諫章數十上無識不識罔不

冀幸其復出乃公則屏居卻掃惟研精聖業窮探理性患近時學者持論高虛不屑古訓簡約是趨其流之弊將墮入虛誕作困知記若干卷其言議精微衍奧根極理要辯禪悟之學近理似是而斥其毫釐千里之謬時習波頹我獲無易於戲道之不明智巧橫出古之聖哲罔不戒慎省察率諸終身而不足今之論者以謂圓明朗徹取諸一言而有餘其學術異同世之君子必有能辨之者考公平生自史館以歷國學則士行維規由以丕變由奉常而陟少宰則官常

國是倚之取平中更仆抑桀志弗渝榮進屢辭去就
惟潔然公雖蚤退而考論政務之得失究心生民之
休戚固未嘗一日不以天下爲念也每平旦正衣冠
升學古樓羣從入敘揖畢端坐觀書雖獨處無惰容
食恒二簋服無侈麗居無臺榭讌集無聲樂宗戚率
之而興於孝敬鄉閭則之而化於禮讓子姓僮孺罔
不守其約而歸於謙靖謹飭初公昆弟三人竝起高
科季弟中丞公先卒仲弟憲使公亦未老乞休德義
相淑怡怡如也方屬疾乃自作誌繼以二絕皆正家

之語疾亟舉手正巾而卒曾祖諱寧祖諱鐸由鄉舉
任黟縣訓導父栗翁諱用俊由鄉舉歷任國子助教
祖及父俱以公貴贈封通議大夫南京吏部右侍郎
妣皆淑人元配曾氏繼配李氏贈封皆夫人子二人
長琰引禮舍人次琊馬湖知府女二人長適萬安劉
宏次適同邑陳溪尹廷孫男七人偁份企佸偲位以
孫女四人曾孫男一人曾孫女二人將以戊申年正
月十九日葬公於邑桃岡之原子琊銜哀屬辭刻諸
隧首之碑嵩昔繫籍諸生繼在詞垣曲成獎挹顧茲

無似有忝誨言爰述蕪辭以列休美而取其所以為
學者特詳焉亦以見公之志也銘曰
維聖有學一理萬殊明誠兩進斯壹其趣世則多岐
所尚滋異欣妄嗜新其說孔熾不有碩指孰開斯瀆
翼翼大宰夙志斯道深造斂求繇壯至老不踐宰政
卒隱其身名振當世行高古人困知有記昭我塗軌
折衷羣言析入毫縷大耋年踰踐修不已公雖退佚
物望愈崇公既逝矣
皇眷愈隆晉也存問光動

宸綸今也
邮哀澤濡泉髙進則伊皋退而闢洛衛道立言以惠
來學典刑日遠梁木斯摧勒此信辭萬禩無隳

吏部尚書贈太子太保謚文莊整菴羅先生畫

像贊

吉水晚生羅洪先

儒者矩矱以理爲宗孰是訓式言能行從公嘗自言
四十始覺彼此一心聖賢可學既辨畛域益謹行藏
小物克勤舊章不忽文必布粟儀則珪璋位進身退
志謙譽光司馬洛陽

當宁眷顧衛武淇澳先民寐寤名辭黨碑知先誌墓
有寵無驚不疑何懼昔拜公堂聽厲即溫今睹公貌
意遠思存豈曰困知欲明正的褒古貶今毫分縷析
公貌在目公言在書肅穆公神對越儼如身有準繩
皆可不朽小子且與紉嗣公後

祭太宰整菴羅文莊公文

曰嗚呼自少有聞慕公如渴知公為稀未知所學為
之慕者卓行清辭及見公書而始仰思公之立言不
矯不苟內得之心不膺出口儒佛之辯本心與天天

有定理而心幻焉以幻爲心其用易肆推原於天小
貮故公之行孝友是先佁止語嘿無敢弗虔榮
脉早捐薄俗永絕位在家宰年幾大耋四方望公如
郊見屏北接顏色退然恂恂
大子徵公歲時問勞矜式國人咸賴有造譬彼一家
外傳之嚴雖無厲色子弟具瞻又如適途爲指迷者
行雖由人覺在言下人方依公而公遽退公能自全
如後進何不肖見公公不余棄言雖不煩意獨已至
出入以節車服以時小物必戒終身可師使以類推

歸於一是期成此身爲報德地聞公之訃索然喪神
孰謂今世復得斯人束芻之哀阻於多故忽越歲年
中心如負先茲陳奠且瀆公靈愛而不弛尚牖其明
嗚呼尚享

又文　　南海晚學生何維栢

曰嗚呼三代之教出於一故學術明而士習正後世
之學淪於離故異端起而聖教微襲記問者則溺於
口耳支離之病而昧自得之真執意見者則陷夫儱
侗莽蕩之歸而歛躬行之實道之不明或失則煩或

失則虛其所由來遠矣無論漢唐入宋理學大明周程至矣延平之下則有朱晦菴陸象山眞積力行皆實學也著述與否不繫焉後之學於朱陸之門者各尚師說而濟之以角勝之私說始騰而道日漓以迄于今修頗飾虛流弊並甚至論理學則陽明甘泉二公晰矣備矣栢皆慕之仰之第未及在門以罄其說若平生得於師友所尊信者則志眞力勇果決必成有如吳康齋志大識精深造自得有如陳白沙践履篤實議論平正有如薛文清三君子皆予所願學恨

生也晚不及見弱冠宦京師與四方學者遊則又知
有整菴先生者好古之勤力行之實進退之正辭受
之嚴鄉里稱之天下信之予心嚮往久矣嘉靖癸卯
還　朝道泰和竭一日之程遂謁見之素至則先生
夙恙未瘳扶杖款迓惇惇誨諭確有真的況及陳王
湛三先生之言以爲皆悟後之見學之者未領厥悟
而襲其論失斯遠矣且敬服白沙之學之者[illegible]不可
及栢曰王之傳習湛之雍語皆立言者也天下後世
必有識之者若白沙學宗自然怠已爲大不事著述

間有一二援引托喻乃其泛應之語恐未可摘而議之也先生首肯栖二日告別雖未克成弟子之禮然登堂階聞謦欬而素願慰矣計往還源源請益乃乙巳以罪擯斥遂歸舊隱相去日遠心益不忘丙午夏得先生手書及惠困知記暇日三復其以理一分殊論性而性命流行之妙可徵以動靜體用論心而道心人心之幾以著此皆獨得之見至於立論之確攻辨之嚴則良工獨苦之心也栢學未有成于諸君子之教不敢方擬獨窺先生踐履眞實言行相顧豈非

所謂躬行君子者耶栢私淑先生較爲得力故信益深詎期天不憖遺丁未之秋遽聞訃音以待奉庭闈不敢遠離崚嶺長江未展几筵之奠緘詞束帛遥將哀慕之誠嗚呼哲人已萎吾將何依臨風悵惘涕泗漣洏千里寸心萬古一時羹墻如見何敢斁思精靈不昧庶或鑒玆尚饗

困知記外編卷之八終

困知記後序

察向獲見整菴先生是編粹然一
出于正竊嘆服之兹有客貽續編
至復加晨覩心目彌開先生洵眞
儒哉蓋其遜志惟聖匪聖弗學也
禔身惟敬匪敬弗居也動惟中正

之趨恆恐有過不及式克獨求墜
緒眞積力久融會貫通卓有定見
誠立道明折之必悉其幽微辨之
必究其極致是故精一執中克復
忠恕格致誠正之本義升堂覩奧
是闡是敷理經辭緯片言弗苟而

凡異說之近理亂眞足以惑世誣民者自此可以少息矣夫吾道淵源川流日麗終古常新晦明通塞存乎其人學士經生讀書較同識趣或異志在發策決科竟於浮華利達者固不足論志不止此者所

見又或差池抗失則虚偏失則滯
間有資禀英明高視闊步自詭于
濬造獨得志則偉矣顧涵養本源
未必中正純粹卒之辭意頗辟有
眩光景而忽精義者有欲以需覺
爲道心者甚至以主敬爲綴以朱

于之傳註爲支離後生好事隨衆
觀塲因依以爲新奇殊不知其起
于一念之好高其流之弊將有不
可勝言者矣然則求正學于今日
畧無可指摘而足以羽翼聖經賢
傳者微斯編吾誰與歸察極無似

第念切緇衣君子必見近歲如楓
山章公虛齋蔡公數獲承顏接詞
感其持正比于先生益用仰止夫
愛日於嚴侍則司成如遺介石於
感時則峻辭冢宰而端莊之操清
肅之行經畫宰物之猶察往往躬

得於聞見有本者如是然則是編
豈後世之文學可以擬倫哉察咎
昌言於
朝今附題末簡𠩄曰阿好第乏之筆
力未能摹寫其妙始終典學得其
精華請借以爲贈焉世之有志者

試卽是編平心易氣從容潛玩而
無以他說淆焉不將有所感發興
起也夫
嘉靖甲午季秋望日虞山陳察寓
虞抑抑堂拜書

讀困知記後語

天下之物莫不有理亦莫非吾心之理也或生而知之或學而知之或困而知之及其知之一也聖愚相去遠矣而同歸於知非曰不絕物耶是故爲公理爲正道爲達德

其於言也爲通訓夫子博我以文謂文非道不可也謂文非文亦不可也易大畜曰君子以多識前言往行以畜其德夫言行咼託而載多識以爲畜德無遺於支離者耶今將行邁者一步一趨跛者可企

馮風御氣力士有弗能是舉夫人
而棄之也君子之教由乎人所同
也知行相因而先後有序內外交
養而本末必辨木滋其液矣而溉
之而藩之不亦遂乎此亦人事之
易見者也後世言學者大率有二

以讀書爲道問學不知約之於心
已失朱子之本指而以静養爲尊
德性遂流於空寂則主象山而又
甚焉者人情大抵厭膠擾而樂徑
直陸學葢于今盛矣嘗聞其説而
未解於心就其徒問之愈覺茫然

嗟乎天下至愚乃有如我者耶繼
得整菴羅公困知記讀之謂格物
卽分殊以見理之一謂道心爲性
人心爲情謂人之知識不容有二
謂理當於氣轉折處觀之印諸經
傳無弗合者雖誠愚亦時有耿耿

焉巳輒自疑胡爲而異胡爲而同
將異者爲障而同者乃偶然耶巳
又思之言所以明道也行所以信
言也公立
朝有羔羊之節正家有柳氏之嚴
居鄉有陝洛之化早歲剛毅晩更

和平有如玉之溫士無賢不肖莫
不心服其誠夫焉有誠而非知至
者乎鐸未嘗聞道而知公之得於
格物者行足以信其言也於戲沙
瀰杯水頓覺無期飢食渴飲公之
示我厚矣因以志幸非曰能執鞭

授綬以相從於赤幟之下也
嘉靖丙申夏五月戊辰
賜進士出身南京都察院右副都
御史奉
勅提督操江兼管巡江婣生歐陽
鐸識